新教育文库·蒲公英书系

给青年教师的四十封信

郝晓东◎著

长江出版传媒 | 湖北教育出版社

新教育文库

总序

教育实验是一项细致而长久的工程，需要通过一代人去影响另一代人，不能急于求成，不能故步自封，一定要学会等待，一定要耐得住寂寞。

新教育实验更不例外。

中国教育有许多弊端，但仅仅是怒目金刚式的斥责和鞭挞，虽然痛快却无济于事。对于中国教育而言，最需要的是行动与建设，只有行动与建设，才是真正深刻而富有颠覆性的批判与重构。

新教育实验就是寓重构于行动之中，寓批判于建设之中。

新教育要做的，就是给教师和学生一种幸福完整的教育生活，一个开阔无垠的精神视野，让他们对人的内心的复杂性有更为深切的体验，不但要了解生命的伟大和宇宙的博大，而且要感受生活的丰富与人性的丰厚。

从2000年《我的教育理想》的出版，新教育思想悄然萌芽，到2014年《新教育文库》的第三版重订，此时此刻的中国大地上，2000多所学校的200多万新教育师生，正走在新教育的路上。

以追寻理想的执着精神、深入现场的田野精神、共同生活的合作精神、悲天悯人的公益精神，埋首耕耘，成就我们的人生、我们的教育、我们的民族。这就是新教育精神的本质内涵。

新教育追求高度，但永远不会高高在上；新教育培养卓越的教师，更关注普通的教师；新教育不是一个精英俱乐部，而是一个宽容开放的团队。新教育始终敞开胸怀，永远等待、拥抱理想主义者。真实的新教育，永远在田野中，在千千万万默默无闻的普通老师的教室里。

新教育人，就是这样一群有着共同梦想、遵守共同标准的志同道合者。彼此为对方的生命祝福，彼此珍惜生命中偶然的相遇，彼此郑重作出承诺，共同创造一间又一间完美的教室，共同书写一篇又一篇生命的传奇。

新教育不求无懈可击的理论体系，而是强调行动起来，在实践中思考，在实践中提升，在实践中成长。帮孩子成为自己，让我们成为自己，一个完整的幸福的自己。我们不是人类文明的创始者，但人类文明可以通过教育的伟大理想穿越时空，通过我们今天的行动变为现实。

当然，我们也知道，只有对新教育的认识从“概念”向“信念”推进，由“理想”转向“思想”引领，激发出人们深沉的情感、执着的意志，从精神世界的积淀表现为主体的自觉行动时，新教育实验才可能真正成为人生力量和教育智慧的策源地。

新教育文库，正是总结、梳理、传播新教育人的所行所思所得的一种努力。无论是经验还是教训，这一路跋涉的足迹，将成为指向明天的路标。在这套文库中，不同书系有着不同定位：我们希望用“通识书系”积淀下新教育的根本书籍，用“蒲公英书系”及时总结一线教育经验，用“萤火虫书系”全力搭建家校沟通的平台……我们并不准备用一部部书籍堆砌功名的城堡，但我们盼望这一部部心血凝成、行动书写的图书，能够成为一块块砖石，铺就一座通往彼岸的桥梁。

那么，新教育的彼岸是什么模样？

我想，彼岸是一群又一群长大的孩子，从他们身上能清晰地看到：政治是有理想的，财富是有汗水的，科学是有人性的，享乐是有道德的。

亲爱的新教育同仁，我们正在这条通往彼岸的船上。让我们同心同行，过一种幸福完整的教育生活。

行动，就有收获。

坚持，才有奇迹。

朱永新

目录

›› contents

在新教育里遇见新的自己　序

相遇是一种缘分，在偶然中存在着必然。

与晓东的相遇，大概是2011年8月，他在腾讯微博给我转来了凤凰卫视闾丘露薇的一个消息，她正在主持中文台的“走读大中华”栏目，准备做一期关于新教育的节目。我记住了这个年轻人的名字——郝晓东。

后来，从新教育网络师范学院的年度叙事中，读到他的故事。知道他2009年邂逅新教育，接触到“朱永新成功保险公司”，开始了自己的新教育历程。知道他从一名中学教师成长为大学老师，而且在海南省五指山市带着20多位师范生，用新教育的理念和方法指导他们支教实习。我记住了他的网名——青风竹简。

去年夏天，晓东专程来北京，与我交流他的人生理想。他告诉我，自己出生于山西长治市武乡县的一个教师家庭，父亲是附近小学的校长，姥姥、姑姑、妻子、弟媳、妹妹都是老师，对教育有着特别的情结。他告诉我，接触新教育7年来，新教育唤醒了他的生命，点亮了他的心灯，引领了他的成长。新教育理念让他切实感受到教育的美好，真正皈依了教育。希望自己能够有机会跟我读博士，在新教育方面深度学习并毕生为之尽微薄之力。

正是这样，因为对教育的热爱、对新教育的追寻，因为这些必然的条件，我们有了看似偶然的相遇。

事隔不久，我就收到他发来的这部书稿：《给青年教师的四十封信》，问我是否有出版的价值。他说，之所以想出版这本书，初衷有几点：“(1)对5年教育工作思考的一个整理；(2)以此感谢您，感谢新教育，并宣传新教育；(3)给新教育基金会捐赠点稿费。”

我仔细读了书稿，以成长、课堂、管理、阅读、卓越、爱心等几个主题，记录了一位年轻教师的思考与行动。虽然书稿显得还有些稚嫩，系统性、逻辑性也有待完善，但是，这样的文章，不仅对他自身的成长很有价值，对于那些未来的教师，以及刚刚走进教育的年轻教师来说，也是一级非常方便的台阶，可以通过借鉴这些反思，继续沿着阅读的阶梯攀登。我鼓励他修订，并且推荐给《新教育文库》的出版统筹童喜喜老师。

现在，这本书就要与大家见面了。许多人会因为这本书与他相遇。我相信，无论是他的海岛苦读的故事，还是他与团队共读的故事；无论是他参加新教育网络师范学院研习的故事，还是他与师范生切磋讨论的故事，读者都能看到，一颗年轻的心如何蓬勃地跳动，一个昂扬的灵魂如何寻找方向。希望更多人也会像他一样，最终在新教育里，遇见一个新的更好的自己。

朱永新

第一章

成长比成功重要

成长比成功更重要。对于青年教师来说，成长不仅意味着专业能力的提升，也意味着职业信仰的不断增强。这同时也是一个“为学日益，为道日损”的过程，是一个领悟天命、寻找自我，直至自我实现的过程。要实现生命成长，需要阅读经典、靠近“高人”、寻找“重要他人”等。但在根本处，是要耐得寂寞，长久地深入、深入、再深入，在教室里“开出一朵花”。唯有如此，才能把知识转化为智慧，才能改变、完善大脑中的认知结构，才能在未来的岁月中绽放为一朵美丽的蓝莲花！

1. 自由意味着什么

安迪从监狱图书馆里翻到了一张《费加罗的婚礼》的唱片，把自己反锁在肖申克大牢的播音室里，用扩音喇叭巨声广播着《费加罗的婚礼》中的那曲著名的咏叹调《夜色温柔》。声音仿佛穿刺了肖申克的上空，所有的犯人都被这美妙的音乐打动，驻足倾听。安迪滥放广播的代价是禁闭两个星期。狱友问安迪这么干值吗？安迪指指脑袋回答，有音乐就有自由……

看过电影《肖申克的救赎》的人，对这一幕应该印象深刻。

人虽总是受限于各种枷锁，但生而有对自由的向往。无论我们曾经怎样地沉沦和不羁，怎样地失去自我，但只要不放弃追寻自由，生命就有丰富多彩的可能。

本周开始，学校开学了！一些老师感慨：假期太短了，不想开学，又要工作等。开学意味着结束了假期中自由的生活，不能再一觉睡到天亮，不能随意外出购物、旅游，不能随时和朋友聚会、喝茶、聊天……

什么是自由？如何在看似庸常的现实中追寻自由？自由于我意味着什么？

我陷入了深思……

一

动物是没有自由可言的。

在草原上无所羁绊、闲适游走、自在吃草的绵羊。它是自由的吗？不是，因为它受到本能控制看到绿草就要吃(除非吃饱)。只有当羊看到绿草，能摆脱本能控制而不吃草时，它才是自由的。而人则不同，早晨虽发困想睡懒觉，但为了按时上班也要克制睡意而起床；见了美食想吃，但为了减肥也能咽下口水而节食。

人心生而自由，而无往不在肉体的枷锁之中。有人认为，随心所欲，想吃就吃，想睡就睡，想玩就玩，这是自由的。其实不然，因为这还是被人的本能控制，心灵被身体所役使，所以是不自由的。常人的不自由就在于生命被本能役使而习焉不察，沉湎于手机、麻将、旅游、网络、酒等外物而不拔。遛狗遛狗，就被狗遛了；宠物宠物，就被物宠了；钓鱼钓鱼，就被鱼钓在河岸上了。而几乎所有的人或多或少都会被某一意念、认识、思维控制。人当然也需要本能，否则都难以生存，但人之所以为人，就在于人不仅仅停留在自然、功利境界，还能上升到道德、天地境界，人除了有自然人生的一面，还有文化人生的一面。

什么是自由？

自由是心灵对身体的超越，是有承担责任的意志。自由不是想干什么就干什么，而是不想做什么就能不做什么。追求自由的人，把生命的意义看得比生命本身更重要。卓越之人甚至能够为了赋予生命以意义而牺牲生命本身。从这个角度讲，舍生取义是人最大的自由。自由是一种过程，并不是可以一下子完成和一劳永逸的，总是时时受到沉沦的侵蚀，需要不断争取。

二

“不完整”是人的宿命，自由是人的抉择。

动物一出生就是“完成”的、封闭的。动物一生下来就知道的东西似乎要远远多于在它的一生中所学到的东西。牛、羊、猪等动物出生后很短时间内就能独立行走，而且先天就遗传了觅食、筑巢等生存技能；蜘蛛、蜜蜂、燕子不用后天学习就是一流的“建筑家”；猴子、松鼠不用专门训练就是“攀爬高手”。而人和动物相比的一个区别在于，人类出生时几乎什么都不知道，几乎凡事都要通过学习才能知晓。一只猴子出生后，不论将其放到什么环境中生长，其“猴性”基本不会有多大变化，即使是马戏团经过训练的猴子，也是在利用猴子的本能而达成了几种“固定程序”而已。而人则不同，一个人在中国长大和在美国长大，基本是完全不同的两个人。人是未“完成”的、开放的，没有被任何不变的本质或性格预先规定，这也就决定了人需要不断地发展自我、更新自我、完成自我。

从存在主义角度来看，人的未完成性让人有了朝向自由的可能——可以根据自己的意愿，通过不断抉择，成为自己想成为的人，而动物是没有这种自由的——一出生就如其所然，不可能再发展自己。所以萨特说，正是自由决定了我们作为人而存在。

我是谁？

我是先天的遗传、生存的环境、成长的经历、接受的学问等因素而形成的“程序”塑造的我。这套程序，既成就了我，也局限了我。所以，每一个人都是不完整的，是未完成的。认识自我是非常困难的，因为你要突破自己的“皮肤”。当人能反思形成自我的“程序”而追问此生之意义时，就意味着生命的觉醒，开始朝向自由。

真正的自由是从心所欲不逾矩，是有自己坚定的信念追求但不“执”。佛家讲“缘起性空”。这个“空”，不是无，而是有。正是这个“空”，产生了各种可能性的

"有"。常人不自由，就是因为被"有"——技艺、工作、观念——所蔽。艺精者为技所傲，失恋者为情所迷，失意者为事所困，强辩者为念所执，在位者为权所骄，饱学者为才所满，为富者为财所纵。而常人往往被"念"所蔽，在抱怨、指责、嫉妒、犹豫、羡慕之中度过一日又一日。心灵的"杯子"太满了，装不进另外的东西，生命也就丧失了另外的可能性。归根到底，没有谁能阻碍你的自由，除了你自己。是思维，而不是任何外在的因素，阻碍了人的自由。

三

人的异化也阻碍通往自由之路。

实现自我是人的最高目标。人的所有发明、创造、生产本来是为了服务人，而这些发明、创造、生产如果影响、控制了人，这就是人的异化。工作本来是为了抵达幸福，而当人被工作控制，甚至出现某工厂"几连跳"的自杀事件时，人已经被异化了。科技的发展丰富了人、方便了人，但也异化了人。手机、电脑本来是让人沟通、获取资讯、处理信息更方便快捷，但许多人整天手机、电脑不离手，主要时间都用在这些器物上面时，其实已被异化。追求财富本身是为了让人幸福，但如果把手段当成了目标，人被财物所左右，甚至为谋取财物而丧失健康、亲情、家庭乃至生命，那么，财物就成为主人，人成了奴隶。

有人说，自己被工作控制而不自由。其实，人如果没有工作，恰恰是最大的不自由。工作就是劳动，劳动让人成为人。工作产生发明创造，工作让人实现了自我价值，工作让人成就了自我。自由与否不取决于做什么，旅游就是自由的表现吗？那你问导游是否都感觉自由？限制活动范围就是不自由吗？全身瘫痪的霍金也是自由的。之所以认为被工作控制，是因为你在工作中是被动而不是主动的，是消耗而没有成长的，是重复而没有创造的。如果工作是主动的，是兴趣之所在，能体验到创造的快乐，能得到道德、智力和精神方面的完善，那么，工作就是休闲，工作就成为人通往自由的途径。

四

追求自由源于人对死亡的深刻认识，是死亡唤醒了人的自由意识。

生命总有一死，但唯有人这种高级动物才能意识到自己必死的命运。一头猪，是不会意识到自己死亡命运的。一个人什么也可以逃避，但唯独逃避不了死亡的命运。死亡，是必然的、无法逾越的，必须独自面对的。你，终究会消失在这星球，化为尘埃，乃至连尘埃也没有，成为无。在人一生的"可能性"中，死亡是最确定的"可能性"。

必死的命运虽然十分恐怖，倒也是一种解放：它使我们从日常琐碎事务的奴役状态中解放出来，从而展开本质的“筹划”，唤起对生命的追问——什么是生命中最重要的，此生之意义何在。借此我们便能够使我们的生活成为仅属个人的、有意义的生活，人就开始向着自由进发。因为死亡，才唤起了我们真正的生，这就是向死而生。

但很少有人这样思考。常人皆以为死亡是一个遥远的终点，遥不可及，只有在参加了一次葬礼，或者得了一场大病之后，才会有所悟，有所“看得开”。正如复旦女博士于娟在重病中写道：“在生死临界点的时候，你会发现，任何的加班，给自己太多的压力，买房买车的需求，这些都是浮云。如果有时间，好好陪陪你的孩子，把买车的钱给父母亲买双鞋子，不要拼命去换什么大房子，和相爱的人在一起，蜗居也温暖。”非常理解并认同其感触，但这种认识还仅停留于亲情、爱情层面，自由的追寻还有更高处。而问题的实质在于，人随时都面临车祸、天灾、疾病、意外的威胁，人随时都可能死。因此，死亡现在就是“我”的“可能性”。思考生命的意义应该不是一个有待未来思考的问题，而是牵涉到当下的一个抉择：我今天应该如何活着。

五

自由意味着什么？

孔子说：“君子不器。”君子不应被一种“器具”（技艺、财富、名望）所拘泥。人之所以不自由，就是因为往往被“器”了。自由意味着人需要不断清空“杯子”，吐故纳新，避免生命的故步自封、沉沦、遮蔽。人生不过就是提醒自己反复做一个动作：清零。一步一步走，一步一步扔。走出来的是路，扔掉的是负重。路越走越长，心越走越静，时刻谦卑，时刻低眉，时刻心里有敬畏。只有这样，才能修炼成精，任密雨斜侵，我只坐拥王城。

自由意味着要时时倾听内心的声音，寻找本真的我，活在当下，珍惜“高峰体验”——一首老歌的怀旧、一处美景的遭遇、一席谈话的敞亮……

人的生命本身是一个惊奇，虽然自我感觉没有什么特殊之处，然而想想浩瀚宇宙，亿万年的星球，能出生在今天，生活于此地，拥有亲情、爱情、友情，从出生到现在经历各种精彩转变，进而思考自己，思索宇宙，品味人生，这不是一件惊奇的事吗？

从自由的角度思考教育，教育的目的就在于：唤醒人，唤醒人的本真存在，唤醒人的主体意识，而不是仅仅把人培养成为一个个“器”。雅斯贝尔斯说：“教育的本质意味着：一棵树摇动另一棵树，一朵云推动另一朵云，一个灵魂唤醒另一个灵魂。”

六

只想着把孩子教好是教不好的。

己立立人，己达达人。自己站立起来，方能让他人站立起来，自己抵达了，才能让他人抵达。教育的核心（也是困难之处）在于，教师的生命状态要尽力保持在一种“真理”涌现的状态之中。教师的生命应不断处于成长之中，很难想象一个对孩子、对教室、对课堂心不在焉、麻木不仁的老师能用所谓的技巧、方法、妙招教育好孩子。不论是苏霍姆林斯基、雷夫，都是生命力极其旺盛、阳光、刚健的人。所以，如果只想着如何管住学生，教好学生，而不反思、改进、提升自己的生命高度、强度，是成就不了真正的教育使命的，你只能成为经师，而不能成为人师。

教师对教室、对学生心不在焉、麻木不仁，产生职业倦怠，就是教师不自由的表现。对于教师而言，寻找到自己的本真，让自己的真理涌现，意味着自身需要不断成长，不断创造，不断擦亮自己的生命；意味着要追寻、坚守自己的信念，西天取经之路，没有捷径，有了信念，西天再远，妖魔再多，也能取得真经。

七

零零散散写了这么多，貌似深刻，但自己能做到多少？

因为我知道，人不是看其如何言说，而是看其依据什么而活。

因为无畏，所以执着，我知道：“有一种鸟儿是永远也关不住的，因为它的每片羽毛上都粘满了自由的光辉。”

2. 成　长

我的“编外”弟子(一位年青且上进心强的优秀老师)向我描述了近期班级工作中遭遇的困境:大部分学生学习基础特别差,班级纪律也不好,接连出现逃课、打架现象……希望我能点拨、帮助。

虽然我提供了一些建议,并推荐了一些书籍,但我知道,在根本处,如果没有一个艰难的穿越过程,如果不能把知识转化为智慧,如果没有改变、完善大脑中的认知结构,所有这些或听来,或从书上看来的知识,都不能有效提升自己的专业能力,都不足以让自己彻底走出类似的困境。

而更可怕的是,如果只阅读而不能改变、完善认知结构,你会慢慢怀疑读书的作用,抛弃啃读艰涩的经典,然后逐渐迷恋那些语言优美而浅薄的教育畅销书,希望能从名师身上找到立竿见影的捷径,从教育神话中觅得药到病除的灵丹妙药。甚至不知不觉中喜欢上一则则“心灵鸡汤”,从中获得暂时的虚幻力量和回避自己、逃避当下的理由。而“心灵鸡汤”是不能治病的。或许,一些操作性强的所谓灵丹妙药有立竿见影的效果,但久之,你也会发现只不过是扬汤止沸而已。

越是缺乏根基,越迷恋技巧;越迷恋技巧,越不能突破自己的认知结构:许多教师就迷失在这个恶性循环中。

有人特别喜欢四处听讲座,希望取得“灵丹”,甚至仅仅为结识“高人”;而有人不喜欢参加讲座,因为发现听来听去,最终都不能从根本上解决自己的问题。讲座引进门,修行在自身。讲座是有用的,它可以让你看到另外的“天空”,触动思维,启迪思考,激发行动;讲座是无用的,因时间、场地的限制和讲座者为追求当场效果等因素,并不能引发认知结构的根本转变。要知道,坐在讲台上作报告者,没有一个是主要依靠听讲座而成长的。

一

专业发展之所以难,就难在突破、完善自己原有认知结构。一方面,人都有为自己辩护的潜意识,很少从自身思维找问题,而是容易归罪于客观外在。辩护,实质就是维护原有的认知结构。另一方面,即使有人能认识到症结所在,也找不到突破的办法，或者畏惧突破过程的艰难。

当下学校教研遭遇的困境，就在于无论是同课异构、集体备课，还是推荐书籍、检查笔记、听报告等，都不能有效触动、改变老师的认知结构，仅有知识量的积累，而没有知识结构上质的变化。当专业发展培训无法真正促进教师成长时，就不能单纯怪罪老师们参训不积极；当寄希望于通过单向的讲座、报告就能提升专业能力时，就会出现在网上继续教育中用下载“挂机王”来替代老师点击以积攒时间的可笑之事。

从某种程度上说，读书是无用的，因没有一个名师是靠坐在书斋里博览群书而拥有强大专业能力的。如果把书籍当作盛满妙计的锦囊，希望在遭遇困惑时，从中拿一个“妙计”就能解决，这种想法本身就是幼稚的。

读书当然是有用的，哪一个名师身后没有站立若干本深深启发自己的经典书籍？阅读虽然提供不了解决当下困难的具体方法，但可以提供一种理解，在高度理解的基础之上，游刃有余的教育实践才有可能发生。

二

在高中教书的近10年生涯中，我一再遭遇课堂教学提升中的瓶颈。

初为人师的几年，我基本上是把教参上的解说搬到课堂上，然后要求学生记在笔记本或课本上。后来教高三，主要是依靠几本“高考兵法”类的复习书进行大量应试训练。教过两轮高三后，对自己的教学，先不说学生满意不满意，最主要的是自己就不满意。

虽然我也四处观摩了不少名师课堂，也通过教学杂志琢磨了一些教学设计，但从今天的角度来看，由于没有研读过几本经典书籍，导致语文本体知识（字、词、句、篇、修辞、语法、诗歌、小说、写作等）和教育中的专业知识（教育学、心理学、管理学等）不扎实、不丰富、不准确。

比如讲诗歌，由于没有研读《人间词话》这样的学科奠基之作，所以，只能在意象、意境、情景交融、寓情于景等词语中转圈，而全然没有触及到诗歌灵魂，诗歌课堂机械枯燥，索然寡味。后来受一位名师的启发，注重课堂朗诵，希望通过朗诵演绎出诗歌魅力，但问题是，如不能精确认识一首经典诗之所以经典的原因，不要说读得好，就是将之唱出来，能引领学生抵达诗歌的根源吗？

后来，我阅读了叶嘉莹的《唐宋词十七讲》，通过叶嘉莹分析一系列诗词，理解了“符码”等概念和“丰富而统一”等观点，讲解诗歌时，方觉有了“味道”，起码能触摸到诗歌本身而不是在外围徘徊了，学生反映也很好。而当后来深入哲学领域，阅读了海德格尔的《艺术作品的本源》，涉猎了现象学的一些知识，尤其是在新教育网络师范学院听讲师解析了一系列诗歌后，方觉触摸到通往诗歌本源的门径，但抵达的路途依然漫长。

从这个角度讲，专业发展就是不断地寻找此时此刻最适合自己的图书。学科老师要研读一些经典书籍，拥有丰富、坚实的学科知识，丰富自己的知识“武器库”。

三

然而，即便当时攻克了语文本体性知识匮乏的问题，语文学科另外的课程知识，教学目标、教学内容、教学特殊性、教学设计等，仍然存在很大问题。今天来看，给我这方面知识结构带来根本性、颠覆性变化的是《构筑理想课堂》一书。

但，假如当时有人推荐我看完本书，就能突破困境吗？不能。

因为以当时认识，仅仅能把书当作知识来学习，而不能使之成为解决问题的智慧，更不能引发认知结构的转变、完善。

对经典书籍，读完易，读懂难。

从2009年开始，我参加新教育网络师范学院语文研课，开始穿越《构筑理想课堂》一书历程，一直到2012年，整整用了三年。三年中，在这本书的引领下，围绕课堂教学，展开了一场艰难的持久战、攻坚战。

除了反复啃读、批注这本书，我还阅读了一系列关于语文教学充满真知灼见的小论文，反复精研了多位名师的课堂实录。对一些典型课例的主要环节，如《景阳冈》中“哨棒”的分析等，基本能背诵下来。

运用“理想课堂教学框架”深度解读了50多篇初中、小学语文课文，并按照“理想课堂教学框架”设计了教案，其中一些篇目还上课实践。在运用框架的过程中，不断返回到书中理解内涵。“运用——啃读——运用”是一个反复的循环，通过阅读理解框架，通过运用加深理解。

深度研究了隐含在“课堂教学框架”背后的理论。通过研读《给教师的建议》，明白了苏霍姆林斯基的“交集点”“第一套大纲”“书写、阅读的自动化”“教育学循环”等概念，通过研读怀特海《教育的目的》，理解了“浪漫——精确——综合”三阶段认知规律……

围绕《构筑理想课堂》一书，展开了结构化、主题化阅读。深研了王荣生、孙绍振等学者的目标确定和文本解读理论，剖析了李镇西、郭初阳等当代语文名师的课堂实录，精读了海德格尔、杜威、皮亚杰等大家的一些学科奠基之作，开始长期在哲学中沉潜。

我不是名师，相反，在教学中曾遭遇许多失败。尤其是现在，已经基本脱离了教学一线，更不敢妄谈教学。我只是以自己的经历来说明这样一个道理：读书不在多，而在透彻。对于经典书籍，只有在啃读的基础上反复运用、实践，才能真正理解，突破自己的认知结构，化知识为智慧。

阅读是为了运用，而运用又促进了阅读。回头来看，正因三年中不断地运用“理想课堂教学框架”这个武器，才真正得以改变认知结构。如果没有行动，没有50多篇课例的沉潜、打磨，“理想课堂教学框架”这个“武器”对我而言仍然是一个“名词”，而不是“动词”。

心理学家皮亚杰提出，人类发展的本质是对环境的适应，这种适应是一个主动的过程。不是环境塑造了人，而是人主动寻求了解环境，在与环境的相互作用过程中，通过同化、顺应和平衡的过程，认知逐渐成熟起来。拿到一本书，遇到一位名师，仅仅是外在环境发生了变化，这个环境并不能全然改变、塑造你。只有你主动想去了解这本书、这个人，在与书、人的不断相互作用中，认知才能真正发生变化。这就是为什么许多人即使购买、阅读了书籍，认知并没有发生变化的原因。

三年穿越，《构筑理想课堂》已成为我的重要书籍之一。从这个角度讲，专业发展就是要不断拥有自己的重要书籍。

四

只有在运用知识的过程中才能不断改变、丰富、完善自己的认知结构，这是任何人在提升专业能力的过程中都无法逾越的法则。

但对具体的个人来说，每个人的专业发展路径都是独一无二的，不存在两条完全相同的专业发展（包括阅读）路径，所谓的学习，只不过彼此启发而已。

专业发展的路径具有不确定性，这和生命中的“遭遇”有关系。“遭遇”是不以人的意志为转移，而且常常与人的愿望背道而驰。德国教育家博尔诺夫说：“‘遭遇’是对全新的、更高级生活向往的突然唤醒、号召，它使人摆脱无所事事的状态。”你不能完全确定职业中会有怎样的“遭遇”：一次职业环境的转变、一个学生、一本书、一个家长，甚至偶然的一个教育事件都会让你的生命焦点发生转移。正如我的这位“编外”弟子，原先带的是所谓的“好班”，那么焦点主要集中在语文学科本体知识，而在班级管理方面的压力不大，而现在带的是所谓的“差班”，焦点就从学科本体知识转移到班级管理（教育学、心理学、管理学等）。让自己焦虑的首先是“不好管”，其次才是“不好教”。

“遭遇”虽然会带来挫折、困惑，但也是契机、财富。生命是连续性和非连续的统一，成长的实质就在于把一次次的“遭遇”和“危机”转化为调整自己，号召自己，激发自己的契机。人生如打牌，能力强不在于你把好牌打好，而在于你要把一手差牌打漂亮。

五

认识自己的不足,突破自己的局限,是非常痛苦的。很多时候,你会问自己,我为什么要穿越这些?意义何在?拿什么来说服自己把生命交付于教育,把心灵完全献给学生,是什么让自己可以一次次鼓起勇气重新开始?

美国作家帕克·帕尔默说:"真正好的教学不能降低到技术层面,真正好的教学来自于教师的自身认同与自身完整。"

他在《教学的勇气》中说:

认识学生和学科主要依赖于关于自我的认识。当不了解自我时,我就不了解我的学生们是谁。

当我还不了解自我时,我也不能够懂得我教的学科——不能够出神入化地在深层的、个人意义上吃透学科。

方法固然重要,然而,无论我们做什么,最能获得实践效果的东西是,在操作中去洞悉我们内心发生的事,越熟悉我们的内心领域,我们的教学就越稳健,我们的生活就越踏实。

当与学生面对面交流时,唯一能供我立即利用的资源是:我的自身认同,我的自我的个性,还有身为人师的"我"的意识——如果没有这种意识,我就意识不到学习者"你"的地位。

好老师有一共同的特质:一种把他们个人的自身认同融于工作的强烈意识。不好的老师把自己置身于他正在教的科目之外——在此过程中,也远离了学生。

好老师形成的联合不在于他们的方法,而在于他们的心灵——人类自身中整合智能、情感、精神和意志的所在。

记住我们是谁,就是把我们的全部身心放回本位,恢复我们的自身认同和自身完整,重获我们生活的完整。当我们忘记了我们自己是谁的时候,我们失去的不单单是一些资料,我们解体了我们自己,跟着来的就是可怕的政治后果、可悲的工作后果、可怜的心灵后果。

老师常常遭受解体的痛苦……在更深层次,这种痛苦更多的是精神层面的,而不是社会学层面的:这种痛苦来源于切断了与我们自身的联系,切断了与我们投身教学的热情的联系,也切断了与心灵的联系,而心灵才是干好所有工作的源泉。

或许我们有孙悟空的非凡本领,但不是本领而是唐僧坚如磐石的信念才是取得真经的决定性因素。我们或者是有七情六欲的猪八戒,或者是踏实而平庸的沙僧,但如果有了唐僧(信念)的引领,就有成佛的可能。

取经路上的“妖魔”表面是阻碍了前行的道路,实质是来助我们成“佛”的:历经磨难,去除浮华,认识自我,实现自我。

昨天,我在和“弟子”最后说:

除了相信种子,还得相信岁月!问题是有多少人能坚守?寂寞、孤独、付出、误会……

可能到最后还是“草盛豆苗稀”,如果确实如此,难道一切就没有意义吗?

深深地沉潜到淤泥中,不断汲取营养,不断积淀岁月,既要耐得住寂寞,也要经得住诱惑,然后未来某一天,悄然绽放,成为一朵美丽的蓝莲花!

3. 谁是你的“重要他人”

巨匠离世，扼腕叹息。

2015年5月23日，一生充满传奇的诺奖得主、美国数学家约翰·纳什在一场意外车祸中离开人士。惊愕、惋惜之余，世人又重新关注起了这位天才数学家，重新回忆起以其为原型而拍摄的奥斯卡最佳影片《美丽心灵》。

通过电影，人们认为纳什是一个拥有爱情支撑、友情相助的幸运儿。但人生比电影艰难，现实并不如电影里那样浪漫、温馨。纳什曾与一名护士谈恋爱，且有了孩子，但他拒绝承认。后来他与艾丽西亚结婚，因科研一再“失利”而患上精神分裂症，随后被麻省理工学院解除职位，妻子无奈之下把他送到精神病院，不久之后即离婚。离婚七年后，艾丽西亚又让无家可归、需要帮助的纳什搬回来住，给他提供住宿、食物和保护。电影播映后，离婚38年的他们才又复婚。

艾丽西亚是纳什人生中当之无愧的“重要他人”。妻子为他的康复做出了不可磨灭的贡献，如果不是艾丽西亚的悉心照顾，他的故事可能就是一个街头流浪汉的版本。

一

每个人在成长历程中都会受他人的影响。时光流逝，大多数人逐渐淡出你的视野，你的身上也逐渐淡褪了他的痕迹，但有一种人却对你的思想灵魂有深远影响，对人生方向产生决定性改变，对为人处世、专业发展等有深刻烙印。我们称之为人生中的“重要他人”。他(她)或者是父母、师长、兄弟姐妹、同事、领导，或者是自己崇拜的古今中外偶像、名人、伟人，甚至是书中、影片中的一个人物。他们以不同的方式与你偶遇，或者提升你的专业能力，或者影响你的兴趣、爱好，或者改变着你的人生态度、价值观等。

在郭靖(《射雕英雄传》中人物)的成长史上，马钰道长就是一个“重要他人”。郭靖一开始拜“江南七怪”为师而学艺，岂料“江南七怪”既不能洞见郭靖坚韧、静定、始终如一的过人潜质，又缺乏因材施教的意识(教什么分筋错骨手和越女剑)，更不懂激励表扬的心理学，一再责骂郭靖愚笨，导致郭靖虽勤奋苦学，但武学不精，而且造成严重的心理阴影：我很笨，我不行。但当他遭遇马钰道长后，经其指引点拨，修习内功，短短两年，武学突飞猛进。更主要的是，给早已经形成蠢笨的自我镜像的郭靖以信心，从而开启了走向侠之大者的快车道。

在孙悟空的成长历程中，扮演着母亲角色的观音菩萨是他的“重要他人”。孙猴子调皮顽劣，神通广大，本领高超，又恰处于青春叛逆期，我行我素，成了一个让大人们头疼的问题少年。当他被象征父亲的如来佛压在五行山下时，观音菩萨一方面要解救他，一方面为其精心选择了老师——唐僧，选择了团队——西天取经，充分发挥孙悟空的特长。一方面以紧箍咒对孙悟空时时加以约束，一方面每当团队有无法克服的困难时，总是随时出现，为其排忧解难，给予无条件的母爱，让一个顽劣的猴子成为自我实现者——斗战胜佛。

二

还有一种“重要他人”，他不会直接给予你物质帮助，也不会在短时期内改变你的命运，但他引领你进入一个全新的世界，从而让你猛然觉醒：原来还有这样的一种生活、工作方式，原来生命还可以如此美好，原来知识也是如此独具魅力的，原来自身还有如此潜力。通过遭遇他，从而更懂得了自己。通过他，激活了存在感：生命觉醒、灵魂张扬。

新教育中的诸多兄长就是我生命中这样的“重要他人”。

我也爱买书，但没见过有谁像他们一样能一年购书上万元；我也喜欢阅读，但没见过有几人像他们一样把阅读作为生活方式；我也钻研教学，但没见过有多少中年人还如此下苦功；我也喜欢写文章，但没见过几人用生命来书写；我也拥有梦想，但很少见过有几人让梦想开出花来；我也听说过许多教育理论，但很少见过谁能如此合宜地运用在教室里。

参加工作八年后，我遇到了个人成长和专业发展的“高原期”“瓶颈期”。学校管理上，我从班主任、团委书记，做到了相当于副校长的位置。在教学上，经历了两轮高一、高二、高三的完整循环，高中教学虽基本熟悉，但课堂教学没有变化，连自己都觉得索然寡味。班级管理简单粗放，乏善可陈，整个人的状态都是遮蔽、消隐的。在这时，偶遇新教育，加入新教育网络师范学院，至此从构筑理想课堂，到缔造完美教室，从诗词理论，到教育学、心理学、哲学，一发而不可收拾。在几年来的交往交流中，新教育中诸位兄长的求学态度、学习方式、为人品质、胸襟情怀、理想抱负，乃至写作风格、生活方式，全部呈现在我面前，进入我的生命。我长期沉潜学习，极大地提升了教育教学专业能力；几年时间的耳濡目染深深地改变了我的学习方式、生活习惯，乃至人生走向。

假如没有遭遇他们，我专业能力将裹足不前，生命状态沉沦消极，心灵蒙尘，灵魂遮蔽，要么成为愤世嫉俗的愤青，要么成为抱怨诉苦的怨妇，要么成为浪迹棋牌茶酒中的逍遥者，而更多情况是成为得过且过、无法掌控自我方向的随波逐流者。“重要他人”之所以重要，就在于能激活你的生命，召回你的信心，为你的生命灌注继续上升的燃料。

三

谁的人生不遇困境，描述出来的美好，有些是精心过滤的；谁的情绪没有起伏，呈现出来的阳光，有些是眼泪浸润过的；谁的内心没有软弱，展现出来的强大，只不过是给内心穿上铠甲；谁在路上没有迷惘，言说时貌似轻松，其实是不愿触碰。

有耐心听你倾诉的闺蜜，有真诚劝导你的好友，有同情安慰你的同学，但真正能指点迷津，给予力量，让我们强大的“重要他人”有几人？

不多，甚至没有。虽然不愿承认，但这就是事实。

否则，心灵鸡汤喝了那么多，相聚聊了那么久，自我反思想了那么深，为什么生活、工作“涛声依旧”？

当人生方向模糊不清，专业能力停顿不前，自身缺乏创造力时，工作沦为劳役，生活缺乏光泽，在各种社交圈子中寻找安全与归宿，在微信、微博、朋友圈点赞中消磨时光，自认为很惬意。但，心真的“安”吗？

人最大的悲哀，不是朝向远方而无法到达终点，而是误认为眼前就是远方。

人需要不断在“重要他人”的号召、警醒、鼓励下，砸破心灵上结痂的精神泥垢，召唤回自己的神性，重新找回自我。

非常喜欢《魔戒》中阿拉贡的台词：

人类也许会有失去勇气的那一天，我们也许会抛弃朋友，背叛同伴，但绝不是今天！豺狼横行，人类的时代也许会逝去，但绝不是今天！今天我们会浴血奋战！为了这美丽的大地上，你我珍视的一切！我命令你们，西方的人们！坚强战斗！

今天的我们，会吗？

如果你偶遇这样的人：他不仅听你倾诉，而且给你安慰；不仅给你安慰，而且给你鼓励；不仅给你鼓励，而且善意批评；不仅善意批评，而且告诉你行走的方向；不仅告诉你行走的方向，而且指出具体路径；不仅指出具体路径，而且以身示范。如果是这样，那就珍惜吧！这就是你要找寻的“重要他人”。

如果你偶遇这样的人：虽然他与你不在共同的生活空间，甚至是历史、影视、文学中的人物，但其某一方面，如为人品质、道德良知、求学精神、人格力量等，深刻进入你的灵魂，滋养了你的生命。那么，你珍惜他吧，这就是你要找寻的“重要他人”。

如果你偶遇这样的人：在某一技艺方面有很高的造诣，在专业领域有精深的研究和独到的见解，给予你极大的启发和帮助。那么，请你珍惜他吧，这就是你要找寻的“重要他人”。

四

还有一种“重要他人”，他们不一定给予你深刻影响、重要指引，但你时刻心为之所系，情为之所牵。他们不一定在你的空间中，却一直在你的“世界”里。

想起《小王子》中的两段话：

小王子说：“当然啰，我的那朵玫瑰花，一个普通的过路人以为她和你们一样。可是，她单独一朵就比你们全体更重要，因为她是我浇灌的。因为她是我放在花罩中的。因为她是我用屏风保护起来的。因为她身上的毛虫(除了留下两三只为了变蝴蝶而外)是我除灭的。因为我倾听过她的怨艾和自诩，甚至有时候我聆听着她的沉默。因为她是我的玫瑰。”

狐狸说：“对我来说，你只是一个小男孩，就像其他成千上万个小男孩一样没有什么两样。我不需要你，你也不需要我。对你来说，我也只是一只狐狸，和其他成千上万的狐狸没有什么不同。但是，如果你驯养了我，我们就会彼此需要。对我来说，你就是我世界上独一无二的了；我对你来说，也是你世界里的唯一了。”

对我来说，这样的“重要他人”，除了父母、爱人、孩子，还有你——因支教工作而与我一起常年奔波在乡间山路上的战友们！

小王子因为把时间投注在这朵玫瑰花身上，所以这朵花才会如此重要；狐狸因为与小男孩彼此“驯养”，所以成了彼此的唯一。而你，我的战友，因为我们彼此的“驯养”，才成为“重要他人”。

在高中任教时，班上的学生是我的“重要他人”；在海南带队时，所带的大学生是我的“重要他人”；今天，在原平支教时，每一个战友，就是我的“重要他人”。

我们在一个团队中，通过共读，通过对话和相互文字交流(共写)，彼此理解，加深认同，彼此的生命编织在一起，从而具有共同的愿景、价值观和思想基础，拥有共同的语言与密码，实现了共同“生活”。通过共读共写共同生活，团队不是团伙，不是乌合之众，不是冷冰冰的旅舍，更不是角斗场，而是我们共同存在的家园。

五

我们靠近、寻找“重要他人”，就是找回自我的存在感，让自身处于明亮状态中，处于马斯洛所描述的“高峰体验”中，处于生机勃勃的涌现状态中，创造属于自己的语言，活出自我的风格，成为一个自我实现者。

艾丽西亚是纳什的“重要他人”。那么，谁是你的“重要他人”？你，又是谁的“重要他人”？

4. 是什么阻碍了我们

究竟是什么阻碍了我们的成长？

许多人会列举出一大串客观或主观原因。其实，如果要追求成功，的确需要天时、地利、人和，但追求成长，则不同。真正阻碍自己的并不是客观现实，而是主观思维——看不透，想不开，放不下。常人和优秀者的区别，不在于前者总是困难重重，后者风调雨顺，而在于对同样的问题产生的认识不同，认识不同也就带来了抉择的不同。

鞋厂老板派两个销售员到同一地方开拓市场，回来后的反馈却大相径庭，一个人说这地方卖不了一双鞋，因为此地人都不穿鞋；而另一个人的反馈是此地大有可为，因为此地人都不穿鞋，市场还是一片空白。同样的事情，不同的思维方式会产生迥然不同的效果。

思路决定出路。面临困境，常人大都消极悲观，墨守成规，固守陈见，从客观方面寻找逃避的理由；而优秀者往往乐观、豁达，善于积极思维、开拓创新，主动调整自身以寻找突破点。

教育是一门艺术，凡是精通一门艺术，都有一些基本的准则。

教师和其他行业的情况一样，优秀不易，卓越更难。要成为一名卓越者，首先要持守管理自己的纪律。在八小时之内，大部分教师的工作内容是相同的，无非备课、讲课、辅导而已，决定人与人不同的是工作之外的时间。然而，很少有人在工作之外能有效管理自己。工作时间被管理、控制得太严了，所以一旦没有了工作压力，大多数人都迫不及待地投身到朋友聚会、休闲娱乐中。若非如此，反而会懒散无趣、百无聊赖、无所适从。所谓管理自己，是指能在八小时之外严格要求自己，按时作息，减少无谓的应酬、闲聊、上网、休闲，在完成必要的家庭责任后，应将主要时间投入到阅读、思考或有意义的交际、讨论中。这种管理，应该是贯穿一生的纪律，否则依然成为不了大师。大多数人都有共同的人性弱点：怯弱、犹豫、敏感、懈怠、冲动……常人往往被其控制，甚至陷入困境而无法自拔，而卓越者往往可以跳出自身反观自己，不断反省。真正的敌人往往是自己，征服了自己也就征服了世界。

新教育网络师范学院中，孙影（网名“绚之平淡”）老师就是我们学习的榜样。她每天四点多起床读书，周末、假期都尽量推掉不必要的应酬，迎难而上，啃读不辍。富兰克林将自己应该遵守的十八项美德罗列出来，每天晚上都要对应反省，在不合格的项目前做标记，进行严格的自我管理。对于严格的纪律，在一开始会非常不适应，但坚持久后，纪律就会成为自然而然的习惯。这时，你已经不把纪律作为外在的约束，而转化成为自我意志的体现。当纪律成为一种生活态度时，遵守纪律就是一种愉悦。一旦放弃，反而会若有所失。

除了自我管理，还要拥有足够的专注力，让生命保持一种清澈的状态。

在今天，培养专注力是非常困难的，嘈杂的噪音、可口的食品、海量的信息、快捷的沟通手段、方便的交通工具等，各种各样的干扰会无孔不入地侵袭、干扰着我们，身体很难进入安静状态，不是手动，就是嘴动，或者神游四海，遐想联翩。而许多人也习惯了这种生活方式和节奏，一旦身体真的静下来，可能还会无所适从。

如何培养专注力？首先要心静。静能生乐，帕斯卡尔说：“人不快乐的唯一原因，是他不知道如何安静地待在自己的房间里。”当一个人不再把目光聚焦于外面的世界，而拥有一个宁静的心灵时，真正的快乐才能够出现。静能生慧，心如一杯清水，只有当水清澈时，方能客观映射世界，心不静，犹如水浑浊，导致对世界看不清、听不明。大音希声，大象无形，真正的东西是眼睛看不到、耳朵听不到的，而是需要用心去看、听的。唯有心静，方能听到日常听不到的声音，看到日常看不到的景象。周国平说：“人生最好的境界是丰富的安静。”培养专注力要学会独处，每天给自己一段时间，在这段时间甚至不看书，不听广播，不上网，潜心静悟，倾听内心的声音，和自己对话。同时，留出时间专心欣赏一段音乐、图画，阅读一本好书，或者认真和他人谈话。优秀者，每临大事有静气；平庸者，稍遇小事即浮躁。许多优秀人物都非常注重专注力的培养，专门选择闹市喧嚣之中来培养、砥砺自己的专注品质。正是通过这种有意识的训练，这些优秀人物脱颖而出，生命拥有强大的力量，能够长时间专注于某一事物之上，能够在任何环境中保持自己的习惯，能够迅速沉浸到当下事务中来，思维能够在不同的话题之间敏捷切换。经典书尤其是翻译来的西方书籍，理论多，逻辑性强，抽象概括，语言表达方式和我们所习惯的也不尽相同，如果没有一定的专注力，不沉潜两三年，很难读懂、读透。大多数中小学一线教师，都少不了一定的交往应酬、家庭琐事，如果没有强大的内心定力，自己很容易被琐碎事物裹挟，失去自我。新教育网络师范学院提倡老师们在暑期每天至少阅读两小时，但真正能坚持下来的，能有多少？

要让生命保持清澈状态，还要尽量减少无意义的对话。与生命力刚劲昂扬、有思想之人谈话，启迪心智，醍醐灌顶，让人豁然开朗，听君一席话，胜读十年书；与生命力平庸、缺乏进取心之人谈话，往往自说自话，东拉西扯，不痛不痒，言之无物，闲扯一番。听消极悲观之人谈话，貌似其洞察世事、了悟人生，实则悲观失落、牢骚抱怨，散发出一股陈腐世俗之气。

如同母亲对婴儿的一举一动保持清醒一般，我们同样要清醒地面对自己。当困乏消沉、灰心丧气、浮躁冲动、怒气冲天之时，不应该听任负面情绪控制自己，甚至为其找借口，而要保持警觉，倾听内心声音，问问自己，到底发生了什么，为什么会这样。与人对话，要清醒地听明白对方的心声，而不要漫不经心，心不在焉，自说自话。要生活在当下，专注于当下之事，而不要做着这事，想着另外的事。

要掌握一门艺术，还要有足够的耐心。如果用感性阅读的方式，以消遣的心态来阅读经典书，只会囫囵吞枣，学得一堆僵死的知识。曾国藩说："读经有一耐字诀。一句不通，不看下句，今日不通，明日再读；今年不精，明年再读。此所谓耐也。"读书是一个长期的连续性的过程，每天都必须坚持阅读，不能心血来潮，一天读好几个小时，热情过了，又好多天不摸书了。曾国藩说，"史书必须天天看，不能间断""每天要读一首诗"。今天的工业化、信息化社会往往容易丢掉耐心，追求快，希望用最快的时间达到最好的效果，然而，欲速则不达，想尽快取得结果的人永远也学不会一门艺术。

看到一则微博写道：做真教育就是一场修行。一旦决定要做，您就必须有坚定的信念，必须怀揣激情梦想并愿意脚踏实地去奋斗，必须时刻听从内心的声音，排除所有的干扰。这段修行，没有时间阶段，没有绝对科学的进展规划，我们只能尽全力而为。

是啊，我们在黑暗中并肩而行，走在各自的朝圣路上。

5. 沉沦与救赎

在市幼儿园组织六所学校的实习支教青年教师共读《书写教师的生命传奇》，我和 26 位老师畅谈了人生的幸福、此生的真谛、知与行、生命叙事等话题。

李如宝老师在短信中说，在五个月的实习支教里，我要清楚我们的目的，活出幸福，活出自我，我会以实际行动来证明。晚上，老师们在微博中纷纷谈了共读的感受，能看出很有感触。

一

教育首先是一种唤醒。人皆有仁心，只不过，有的在现实选择中迷失，有的在自以为是中尘封，有的在尘世奔波中遗忘，有的在名利取舍中丢弃，有的在平淡烦琐中麻木。

如何上好一堂课，带好一个班，是方法的问题；为什么要上好一堂课，为什么要带好一个班，是动机问题。很多时候，我们不是"才"不够，而是"识"不达。

于人世走一趟，究竟何为本？

追求一个高薪的工作、宽敞的房子、漂亮的车子等外在的东西，都是理所应当的，但这些东西犹如加于身体的外衣，如果脱离生命这个"本"，其一切意义都不存在。这绝不是吃不着葡萄说葡萄酸的自我安慰，试看每日网页，有几个患抑郁症者是因为房子不大、车子不漂亮而引起？有几个跳楼自杀者是挣扎在吃不饱、穿不暖的生存线上的？试看周围社会中，有多少人不快乐因为衣食所忧，温饱所困？

这其实就是把握一个"度"。要积极工作，但不要被工作控制；要努力买房子，但不要被房子控制。说白了，就是你是钱的主人，还是钱的奴隶的问题。如果是后者，是为沉沦。如此例子还少吗？姑且不说杀人越货，因财入牢者，看看大街上熙熙攘攘的人群里，看看夜幕下万家灯火中，有多少人为利而耿耿于怀、或喜或悲、牵肠挂肚。当然，生活很多时候不是如此分明，几句话就能说明白的，我们都是生活在一张网里，有很多的迫不得已，有很多的无可奈何，但经常性地跳出来反观现实和现状，可能会更豁达、明了、从容一些，更能体察到生命、生活的本真是什么，明白自己真正需要的是什么，短缺的是什么。

二

大学是什么？“大学之道，在明明德，在亲民，在止于至善。”

如果在大学的所有学习仅仅是为了谋得一工作，那么，大学就不称之为大学，只能称为“职业技术学院”，大学也就丧失了“社会净化器”的功能。孔子说，君子不器。人不应该只成为某个机器上的零部件，而应该发挥自己的生命潜能，实现自我的发展。人不应该仅仅为稻粱谋，也应该有所担当。

上大学的意义，不仅在于发展某一技能，还在于锻炼人格，培养思维能力；不仅在于锻炼人格，培养思维能力，还在于找到或者确定裨益终生的兴趣。如果找到了真正属于你并且愿意终生为之努力的兴趣，那么大学是否上完都不是一定的，比尔·盖茨中途退学，韩寒都没有踏入大学校门。怕的是大学几年，每日忙忙碌碌，却不知道自己喜欢什么，适合做什么，只是大潮中随波逐流，看书为了考试，考试为了毕业，毕业为了找工作，忙忙碌碌，茫然失措，短短四年转瞬即逝。

我知道，在就业紧张，许多人削尖脑袋为一职位而争夺的今天，谈这些，好像是理想主义，是空谈。但我也看到许多这样的现实：因为太想得到了，所以得不到。所以白岩松说，“有的时候，上来就功利性地去追求，往往求之不得”。说到底还是一个分寸感的把握。

实习支教的目的是什么？当然是为了实践中学习，为了支持当地基础教育，但归根到底，对于个体的自己来说，它是你生命中的一段历程，生命叙事的精彩来源于每个篇章的精彩。自己不应该成为其他人或物的工具，应该努力活出自身的价值和尊严。如果仅仅是停留在学习的角度，那你学习是为了什么？如果仅仅是为了帮助别人，那么，没有自己的提升，你以什么资本来帮助他人？诲人不倦，变为“毁人不倦”的例子也不是少有。在“吸收热量”的同时放出光来，努力照亮别人，照亮更多的人，这就是己立立人，己达达人。

知行合一。说佛普度众生，不如说是众生普度了佛。不要认为这只是行，其实“行”的过程就是“知”的过程。

“诚者，天之道也；诚之者，人之道也……诚之者，择善而固执之者也。”

求知，不是怕天资不慧，不是怕基础薄弱，而是怕“杯子”已满，怕心不诚。

其实，社会需要的并不是拿来就能用的成品，而是需要可发展的人。与每一批实习支教的老师相处，我都非常注意观察每一个人可学习、可成长、可进步的禀赋。

有的人，谈起来头头是道，高谈阔论，好像也能谈出个所以然来，但一说到读书学习，就心不在焉，我会为之遗憾，因为他正在丧失学习的能力。

有的人，行动积极，埋头苦干，但不善于回头反思，听不进有益的建议，我会为之遗憾，因为他正在丧失一颗谦卑的心，失去了成长的可能。

有的人，社会哲学一套一套，少年老成，仿佛看淡一切，看透一切，而且有自己的一套固定的人生哲学并自以为是，我会为之遗憾，因为他正在失去年轻人宝贵的纯真、朝气和活力。失去了对世界的好奇与兴趣，也失去了可进步的机会。

当一个人丧失了倾听的能力，拒绝生命的更新，而只在乎为自己辩护时，就是沉沦的开始；当一个群体中大多数人以利己作为做事的准绳，而没有一定的信仰时，就是这个群体沉沦的标志。在今天，许多教师在市场主义和应试主义挤压下，将教师职业沦为了养家糊口的工具，丧失了自我和职业的尊严和价值，这就是教师职业的沉沦。

只不过，很多时候，沉沦被披以温情的外套，我们看不出其真面目，如“享受生活”“善待自己”“现实一点”等。

三

想到了日本电影《七武士》。

日本战国时代，社会沉沦，贵族分崩离析，武士阶层失去了寄生的土壤，沦落江湖，有的成为浪迹市井的浪人，有的沦为打家劫舍的山贼，有的成为平庸的村夫，有的风里来雨里去为糊口而奔波。

一个小村庄的山民们由于不堪忍受山贼的骚扰，决定雇佣武士来抵御山贼，却又拿不出钱，只能保证武士吃饱。武士勘兵卫接受了这份差事，并寻找到了久藏、平八等六名武士。七武士和数倍于己的山贼斗智斗勇，在消灭了山贼时，也献出了四个人的宝贵生命。剩下的三个武士平静离开村庄，继续流浪生活。

电影结束了，我久久不能平静：究竟是什么打动了我？

妖魔四起的年代，压在五行山下空有一身高超本领的美猴王；被贬尘世，依然保留贪吃好色习惯的猪八戒；昔日卷帘大将沦落为盘踞在流沙河，以吃人为业的沙僧，他们又如何寻找到自我？他们是通过组建一个团队，参与一项伟大的活动——西天取经——来拯救自我，寻找到自己的。

那么作为贵族工具的武士，在混乱、没有归依的社会中，如何寻找到自己。由此联想到，作为传承文明、塑造灵魂的教师，在被市场主义和应试主义冲击而失去统一标准的当下，如何寻找到自我。

面对一个挑战，冒着生命的危险而且没有任何奖励，这或许就是拯救的可能。这种拯救行动，是基于原则，而不是利害。

我想，这也正是电影打动我的原因，多数人的生活是投机，而勘兵卫等七武士是基于内心的一颗仁心而行动，他们正是在消灭山贼的过程中拯救了自己，拯救了武士精神。

四

一天,在共读中,一位在幼儿园实习的老师深有感触说道,自己从工作中学到了很多。我很感慨:其实,孩子们要向大人学习,大人也应该向儿童学习,儿童身上许多宝贵的品质,在大人身上都消失了。我们虽然是在教育孩子,其实也是在成长自己。

帮助别人就是拯救自己。不是吗?当孩子们用稚嫩的声音天真地称呼我们“老师”时,唤起了我们内心的责任心和庄严感;当孩子们悄悄送给我们小礼物或者说声“谢谢”时,唤醒了我们的尊严和悲悯之心。是一堂堂课的无力感打破了我们原初的盲目和自大,是儿童的童真、童心荡涤了我们内心洒落的尘埃……

就我来说,也从来不敢把自己当作救世主的形象,当然,也没有那个能力。我只是努力保持一种对生存的省察,保持一种对生活的谦卑,保持一种对生命的敬畏,在努力做事,积极做事的过程中救赎自己。

我们都是被上帝抛弃到世间的孩子,都有一只折翼的翅膀。谁敢说自己就真理在握呢?

不要问我能做多少。

知全守分,敬事而敏。

努力把声音喊出去,至于回音有没有,就不是我所在意的了。

6. 请把你的光散发出来

此时此刻，不禁想到了 2010 年秋，我和首批 23 名实习支教老师带着新奇与忐忑来到了神奇的五指山。眨眼间，一年半的时间，三批老师已经过去了。

此时此刻，不禁回想起和前三批老师们一起走过的那些日子，共读、野炊、听课、唱歌……情景历历在目，如在昨天，恍若梦中。

每一批实习支教老师识大体，懂道理，一腔热血，三尺讲台，用热情和敬业弥补了经验不足，以爱心和真诚打动了黎苗孩子，梦梦、统丹、恩学就是他们当中的杰出代表。前后三批老师均取得、保持了优异的教育教学成绩，黎苗族孩子的学习习惯、文明习惯都有不同程度的改观和提高，忻州师院支教队的品牌基本得到了五指山各界的广泛认可和一致赞誉。每一个在五指山实习支教的老师得到了不同程度的提高和完善，并对这片古老而神奇的土地留下了深深的眷恋之情。

对于我来说，在海南工作的这段独特岁月，也必将成为我人生中一笔宝贵的财富，并在岁月的长河中慢慢发酵，愈加醇香。五指山人的淳朴和真诚深深触动、感动了我，老师们的朝气和活力也深深感染、影响了我。在指导每一批老师开展工作中，在夜以继日、大量的阅读学习中，自己对工作、事业、教育、人生也不断有了新的体验和感悟，生命也因这段岁月而愈加丰厚、饱满、润泽。

然而，作为这个团队的组织者，面对“铁打的营盘流水的兵”的现实，我也清醒地认识到，目前的工作不是万事大吉，而是挑战更加艰巨，不能坐享其成，更应愈加勇猛。许多方面还有很大的提升空间，需要我和后来者付出更加艰苦卓绝的努力。

首要的挑战就来自于自己，每一学期重复的工作，就如同在海滩上刚刚用沙子垒好城堡，然后推倒重来。如此反复，首先冲击的就是自己的工作激情。如果没有清醒的认识，极容易产生懈怠之感。特别是受援学校和实习支教老师人数猛增，工作任务更加艰巨，更要保持对工作的新鲜感和进取心。

其次，当地领导、老师对实习工作的期待和对实习老师的要求越来越高，小学生经历了三批实习支教老师，对新来的老师越来越挑剔，而每一批的老师总得经历一个从陌生到熟悉的成长过程，每一个接班老师不能完全保证超越前一批老师，每一个老师的能力、水平、教学和管理风格不尽相同，这个考验会随着实习支教时间的拉长而更加艰巨。

再次，虽然三批实习支教老师取得了优异的教学成绩，但学生的学习兴趣、阅读习惯、学习习惯和文明习惯都还没有达到理想效果，而这一点又受到实习支教老师自身认识和实践能力的制约，这也是一个考验。

所以，现在的工作局面是，脚跟刚刚站稳，但担子越来越重，任重道远。实习支教工作必须转型发展，从过去单纯地追求考试分数，转变为在保证分数的前提下，重点抓学生的“养成教育”：培养学生良好的学习习惯、文明习惯，激发学生学习的兴趣，给予学生一生有用的东西。

上周，我和六所学校的实习支教老师进行了共读，谈到了什么是幸福，实习支教五个月的时光对于此生的意义。我和许多老师达成了共识，即幸福不仅仅包含物质需要，还应包含精神需求，即自我价值的实现，要在自我提升的基础上对周围的人、对我们生活的这个世界有所贡献，也就是“己立立人，己达达人”。形象地说，就是在点亮自己的同时照亮他人，温暖世界。

开学短短两周来，每天我都被大家点点滴滴的行动感动着，从老师们的行动中，从跳动的微博上，我已经看到老师们散发的熠熠光芒，看到了大家高度的责任心和严谨的工作品质：畅好学校小组吴崇文等五名老师，每天披星戴月，早出晚归，成为校园里一道独特的风景；陈子皇老师在周六加班到凌晨，准时发来了例会和共读记录，不仅准时而且规范、严谨；陈丽红老师首次编《简报》，在规定的时间内准时发给我，《简报》翔实、有条理、严谨，我基本没有修改就发了，这是非常难得的；佳嘉幼儿园和市幼儿园的老师不辞辛苦，用热情和付出在短短时间内就赢得了园领导的认可和赞誉；邱名梧等老师，每天在微博上记录、反思，详细而真诚；韩先老师为了准备这次开学典礼，数易其稿，反复沟通，付出了大量的精力……

特别是本周我在毛道中心校，对工作提出了建议，唐昌政、李如宝等四名老师马上积极行动，一马当先和学生共同劳动，主动清扫楼道垃圾，用行动来引领行动，用激情来点燃激情。所有的支教小组和老师，在我提出听课的倡议后，掀起了听课学习的高潮，实习支教老师谦虚好学的品质和形象深为当地老师赞赏。

说到做事的品质，你们的学姐苏曼玲老师就是最好的学习榜样，她不仅是我工作上的得力助手，也的确是海南学子的骄傲。她工作细致、踏实、可靠，善于学习，谦虚低调，不计名利，默默奉献。近两年来，牺牲大部分节假日，没有一分钱的报酬，培训、选拔了一批又一批实习支教老师，仅这一点，有多少年轻人能做到？在此，我也要再一次向曼玲表示真诚的感谢！

行动就是光芒。

其实，不仅是我，每一个领导对初上岗的年轻人除了看重其能力水平外，更看重其非智力性因素：踏实、可靠的为人品质，谦虚、好学的求学品质，积极、奉献的工作品质，言必信，行必果的做事品质。说到底，不是看你说多说少，说得怎样，关键看你做多做少，做得怎样。

最担心的不是暂时的经验少，能力低，而是不可靠、不上进、不学习。

谈到求职，从老师们的角度，看到的是诸多同龄人求职的困难和艰辛，而从我的角度，看到的是许多高端人士和高水平的团队为找不到适合的人才而感叹、焦急，一些朋友就和我说，希望能发现一些好苗子给其推荐过去。

“千里马常有而伯乐不常有”，这是怀才不遇者在农耕社会有限空间里的感慨。对于我们，在没有遇到伯乐之前，现实的选择是，先把自己培养成“奔腾千里荡尘埃，渡水登山紫雾开”，驰骋原野，四足生风的“良驹宝马”。

散发出你的光来，在当下就是指全身心、心无旁骛地投入到班级工作和课堂教学中，把每一个孩子当成自己的弟弟妹妹一样真诚而无私地关心、爱护，并通过足够的耐心来促进其生命的成长。

在第一批实习支教老师工作结束后，我曾经概括了几点工作经验：态度决定一切，细节决定品质，低调赢得认可，和谐赢得尊重，读书方能进步，行动就有收获。这些在今天同样有重要的意义和作用。

在实习支教工作的第四棒传到我们手中的时候，我想强调三点，和大家共勉。

第一，要热情。只有热情才能融入学校集体，被所在学校老师、学生和家长认可。没有热情，任何工作都不可能做好。要持之以恒地热情，而不是虎头蛇尾，三分钟热度。对学校的任何一个领导和教职员工都要热情相待，对周围的老师要真诚帮助，对每一项工作都能以饱满的热情去完成。

第二，要学习。只有学习才能提高工作的效率和效益，才能不走弯路。只有通过学习提升自己才能促进学生的提高和发展。不学习，就会故步自封，导致事倍功半，慢慢削减工作的热情。要谦虚向指导老师和其他老师学习，积极参加每周的共读活动，认真向经典书籍学习。其实，还应向我们的学生学习，你能意识到吗？

第三，要行动。所有的认识、言说都要通过行动来兑现，再高的热情如果不行动也是空话，学习是为了行动，行动也是在学习，这就是“知行合一”。没有行动就是纸上谈兵，没有行动就是不真诚。作为一个团队的负责人，我不是看队员有多少缺点，有多少优点，不是看说的好听不好听，不是看在我面前表现得如何，最终是看，你为你的学生做了多少贡献，你为我们这个团队做了多少贡献。

老师们！《逍遥游》说，“至人无己，神人无功，圣人无名”。实习支教的目的何在？这段岁月意义何在？从某种程度上来说，没有目的就最大的目的；点亮自己，照亮别人，就是最大的意义。

人生中为赚钱而生活的时间会很多，在将来的职场中，你也定然会经历各种锤炼、挤压、挣扎，而实习支教的日子，如五指山青山绿水一样清澈的时光却不会太多，能让内心如此清澈的日子也不多。

能够得到自我价值的实现，能够体验到幸福的滋味，这还不是岁月给我们最大的回馈吗？如果还有其他的回报，那就更是额外的赏赐了。

愿我们共同努力，度过美好的五个月时光，让五指山的孩子们也因我们的存在而进一步品尝到幸福的滋味！

7. 把工作化为休闲

一周假期，读书之余，会见了若干老友，然后回老家带父母到晋陕交界处看了看黄河壶口瀑布。父母年龄逐渐大了，趁现在还身体不错，可以带上多到外面看看。否则，等将来行动不便时，即使心有余也力不足了。

高速路，车流滚滚；旅游点，摩肩接踵。黄金季节，时间宽裕，加之高速免费政策的刺激，有车一族纷纷走出户外，欣赏美景，放松心情。

而更多的人，除了参加婚宴，探亲访友之外，就是看看电视，睡个懒觉，打牌、下棋、喝茶、散步、打球……

休息、玩耍是生活的一部分，而且是生活的必需品。

一张一弛，也是生活之道。不懂得休息的人也不懂得工作，只有休息好，才能以充足的精力、饱满的情绪投入工作之中。而玩耍，从本质上来说也和睡眠等休息一样，通过转换思维，放松心情，达到一种精力的复原。

除了必要的家务劳动，人情应酬外，大多数职场之人生活的主要内容就是在工作与休息(玩耍)之间循环，工作之后休息，休息充足后投入工作。

循环往复，周而复始。虽然也有滋有味，但总觉得距离幸福的味道还缺一种调料。

缺什么呢?

休闲。

一

休闲和休息(玩耍)不同。

在原始社会，原始人大部分时间为求生存而奔波劳作，除了睡眠等休息，生活基本没有闲暇时间。到了奴隶社会，社会出现了阶级分化，奴隶生活的主要内容就是劳动，而奴隶主由于脱离了生产劳动，所以有大量的闲暇时间。在那时候，劳动是奴隶的职业，而休闲是贵族的特权。在闲暇时间，大多数贵族的生活是玩耍——喝酒、打猎、赏景等；而一少部分人则开始在艺术和科学上有所作为——书法、绘画、音乐、历法等。亚里士多德说:“艺术和科学既不以世人的快乐为目的，也并非生活所需，他们最先出现于人们有闲暇的地方。数学之所以最先出现在埃及，就因为那里的僧侣阶级有闲暇。”

从这个角度讲，闲暇产生智慧。

休息和休闲同样发生在工作之余，而且是自愿为之，可做可不做。但以消磨时间、摆脱烦恼为目的的活动是休息（玩耍），以提高道德、精神水平，增加知识为目的的活动是休闲。

一个人幸福质量的高低取决于休闲时间在生活中所占的比例。一个主要为生存而上下求索、四处奔波的人是没有多少幸福可言的，而对于一个生活基本被工作填塞满的人，也很难说有较高的幸福指数。许多教师之所以产生职业倦怠，主要原因在于：由于缺乏真正的休闲，所以生命之树缺乏滋养，从而慢慢干枯，本应是生机勃勃的教育工作就变成了日复一日机械、枯燥的漫长劳役。

教师与教师的主要区别在于八小时之外。八小时之内的工作大多是相同的，备课、上课、辅导、批改作业，而八小时之外，有的被琐碎的家务、人情杂务等缠绕，有的消磨于电视、电脑、打牌等玩耍中，而有的沉浸在阅读、书法、摄影等休闲活动中。久而久之，人与人的差别就显现了。前两者生命被限制，容易沦为教书匠，而后者逐渐走向自由，在教育中享受人生的乐趣。

是不是休闲，并不单纯取决于做什么。同样是旅游，大多数人仅仅是感官的享受——饱览美景，赏心悦目，忘记烦忧；而余秋雨却览今思古，思绪飞扬，写出了《文化苦旅》。

是不是休闲，主要取决于是否能促进心智的成长。大多数现代人混淆了休息（玩耍）与休闲的差别，误认为休闲就是娱乐，娱乐就是休闲。这和市场经济社会有一定关系，在工业革命之前，社会主要分为劳动阶层和有闲阶层，大部分劳动者忙于生产而没有休闲的概念。而工业革命之后，机器大量出现，许多原本由人来完成的工作被机器替代完成，加之社会分工越来越精细，这导致两个结果：一方面，大多数人拥有了更多的空暇时间；另一方面，人们把物质财富的增加片面地理解为生活的全部目的。大多数人在紧张的工作之后，把空暇时间主要用来消遣和娱乐，以便更好地投入工作。其实，攫取物质只是生活的手段，而不是目的。

从某种程度上说，休闲才是生活的主要追求，休闲就是享受生活，就是做那些对自己有意义的事情。休闲绝不是无所事事，而恰恰是有所创造。虽然工作也能进行创造，但休闲是自由创造。正因为人从繁重的劳作中摆脱出来，有了休闲，才能仰望星空，朝向自由，走得更远！

亚里士多德说：“娱乐是为了严肃地工作，娱乐似乎是一种休息，因为人们不能持续不断地工作，所以需要休息。反过来，正如战争是为了和平一样，工作是为了休闲，幸福基于休闲胜于其他事务。”

二

许多人误解了休闲和工作的本质区别。

有的人认为八小时之内的事就是工作，八小时之外的事就是休闲，但对一个痴迷于绘画的艺术家来说，可能上班时的创作就是休闲，而下班后的家务活就是工作了。

有人认为工作是辛苦的，而休闲是轻松的，但对于一个业余登山爱好者来说，冒着生命危险艰难地征服一座座大山，这对他来说却是休闲。许多人整天无所事事，看电视，漫无目的地玩手机也是相当疲乏的。

有的人认为打球、跳舞、四处旅游就是休闲，而公文、会议就是工作，但对科比、姚明等职业球员来说，打球等就是他们的工作。对于导游来说，穿梭于各大旅游景点恰恰是他们的工作。

有人认为工作有报酬，而休闲没有报酬。但诸如李镇西等名师，他们休闲时的创作收入可能比工资要多得多。而有些工作，如家务活，你必须做但还没有报酬。

有人认为工作有强制性而休闲没有强制性。但对于一个虔诚的基督徒来说，定期参加宗教仪式对他来说也是有强制性的。

工作和休闲的区别，不取决于什么时候做，做什么，以及有没有报酬，而取决于你在做的时候是否有自由，以及怀有怎样的心态。同样是参与慈善事业，对于红十字会的工作人员来说就是工作，因为他必须做，而且是抱着完成工作的心态，而对于发起“乡村教师计划”的崔永元来说，就是休闲，因为他可做可不做，是抱着体现个人价值、回报社会、传递爱心的心态来做。同样是养花，对于我们普通人来说，就是休闲，可养可不养，是抱着欣赏、享受的心态，而对于种植花卉的商家来说，这就是他谋生的手段，是以营利为目的的。

工作和休闲是可以转化的。在年少求学时，学习对于我而言就是工作，苦不堪言，而随着年龄的增加，现在学习就转化成了休闲，自主选择，乐此不疲。硬笔书法家庞中华原是体制内的公务员，休闲时醉心于钢笔字，随着书法造诣的日渐精深，名气逐渐增加，硬笔书法后来就成了他的主要工作。

美国哲学家艾德勒给工作和休闲进行了这样的区分：“工作是为了得到我们赖以生存的物资，为了得到我们可以消费的物品，我们必须做的事。休闲是人们可以在道德、智力和精神上获得成长的所有那些活动，通过这些活动，人们能实现人格的完善，履行其道德和政治义务。”

由此可知，大多数人之所以从事的是工作而不是休闲，是因为你得依靠它来养家糊口、谋生度日，不想做也得做，没有选择。同样，大多数人只有休息（玩耍）

而没有休闲，是因为在活动的过程中，只有身体、情绪的放松与调整，而没有心智的成长。

但是假如做一项工作，不是以获得薪酬、以谋生为目的，而是自愿主动参与，在做的过程中，不仅身心愉悦，而且自身能获得成长。

你说，这是工作还是休闲呢？

三

工作的最高境界就是休闲。

工作是不是成为休闲，可以从两个方面进行检测：

第一，如果你不以此来谋生，是不是还乐意主动去做。如果你还乐此不疲，那么，这项工作就成为你的休闲了。

第二，你的工作时间和休息时间是否有界限。如果做一件事时你时刻惦记着下班和放假，那么你做的就是工作；如果在你的生活中，工作日与休闲时间已经几乎没有界限，那么你的工作基本就是休闲了。

从这个角度上讲，要想免除工作的劳役而终生生活在休闲中，有两种选择：一是以自己的兴趣爱好为职业；二是真正爱上你的工作，为之牵肠挂肚、魂牵梦萦。

如果工作正是兴趣和擅长之所在，如果能从工作中找寻到内在的价值而不仅仅是为了薪酬，如果从工作中能得到心智的成长而不仅仅是消耗生命，那么，工作就和休闲融为一体了。

抱着工作的心态做事，你只能做一个合格的职业人；抱着休闲的心态做事，方能成为一名卓越者。

上一堂课，是工作；上好一堂课，可能就是休闲；做一名教师，是职业，但当一名卓越的教师，可能就是休闲。

所以，从这个角度讲，休闲比工作重要。

高质量的休闲和工作是水乳交融，融为一体的。

记得在海南的那段岁月里，往往经过一整天艰涩的啃读，就选择欣赏一部电影来调节大脑，放松心情。但看电影时，又对阅读内容有许多启发、感悟。看完后，还能随性写一些观后感。这时，你就难以分清，这是休闲还是工作。

一些教师一开始对许多卓越的新教育人不理解：周末、节假日也工作，他们不需要休息吗？他们不购物、访亲、做家务吗？既没有上级的硬性规定，也不能赚取更多的工资，为什么要如此辛苦呢？

如果理解了这一点，问题就迎刃而解：他们看似每天在工作中，实则在休闲中。他们已经超越了为薪酬而做事的境界，从做事中寻找到人生价值之所在，在做事中自身得到真正的成长。

四

工作时，身心忙碌，无暇顾及灵魂；休息时，又忙着把身体交付给各种聚会、郊游、棋牌等娱乐、玩耍中，不愿直面灵魂。

现代人因此而失去了自我。

不如在闲暇之中，给休闲也留出一点时间：阅读一本书，看一部电影，聆听一曲音乐，培植一下阳台的花卉，书写几张毛笔字；或者是在静静的山林里，凝视一朵花，沐足山泉水；或者一杯清茶，三五知音，清谈历史、哲学等共同感兴趣的话题……

8. 做点“无用”的事

又一期《啃读者》热气腾腾、新鲜出炉了！

正如一桌佳肴摆放完毕，面对围坐的宾客，忙碌一上午的厨师这时也能擦去汗水和手上的油渍，解下围裙，满怀笑脸而谦虚地讲述几个做菜过程中或感人、或有趣的“段子”，好让大家吃得更有滋味。

也如“神九”上天，好奇的观众看着三位在太空的航天员，很期待参与研发的专家解密一些航天员训练、生活中的“花絮”：一个眼神为何就能心领神会？出发时他们提的小箱子是什么东西？在太空如何如厕……

可惜，我这个厨子提供不了多少“新料”，讲述不出什么“编辑部的故事”。《啃读者》的制作是“铁路警察——各管一段”，我做的仅是收集了几篇稿子，校对了几个错字，然后发送完毕。

那就说点“无用”的事吧！

我理解孙宏春老师为找不到合适美编的焦急，更能体会到原卫华老师被《啃读者》折磨出的“疯狂”。

美编是一项专业性强，且极费时间和精力的差事，没有金刚钻是不敢揽这个瓷器活的。对美编的要求，不仅要有深厚的美学功底、高水准的审美眼光，还要有精湛娴熟的电脑操作技术和丰富的素材库。而更令美编痛苦的是，当你绞尽脑汁、费尽周折拿出一桌“好菜”时，那些可能从来不下厨房的食客，会以自己的“口味”对其“说三道四”“指手画脚”，他可不管你是如何在厨房里挥汗如雨、烟熏火燎地做出来的。

我曾在支教队办过两学期的电子杂志，接受工作任务的老师曾多次为之而哭鼻子，故深知其中的甘苦。这学期，支教队来了个年轻人——小郭，他的专业是美术，而且在大学时，和同学合办过电子杂志，电脑操作技术也很好。在了解到孙老师为美编而发愁的困难后，我萌生了让小郭和朋友做几期《啃读者》美编的想法。我对小郭说，这是一项公益活动，没有任何报酬，但要求的水准还很高，一旦承诺，就要全力以赴完成好，不能再推辞。他爽快地答应了。随后，我让他和朋友尝试做了几个封面，一番审核，就确定了。

我总觉得，生活的逻辑不只是一种，不是任何人都以利己作为行动的前提，不是任何事都要求付出就有回报。一个人其实除了做“有用”的事，也不妨做一些

“无用”的事。曾经有大学生问白岩松，中国何时会出现诺贝尔奖获得者？白岩松说，当中国的文学家、科学家开始做很多“无用”的事时，就离诺贝尔奖不远了。这是有道理的。

我经常想，对于学生做好事和取得的好成绩，必要的精神鼓励是需要的，因为好孩子是夸出来的，但不一定非要进行物质奖励。帮助他人、拾金不昧、刻苦学习、考试不作弊等，这些都是一个学生应该做的事。正如农民种地，老师教书一样普通正常、天经地义。如果把这些本应做的事都建立在外在的奖励上，会导致学生认为，做好事不是因为事情本身的意义和价值，而是为了奖励。如果一个人做事总是建立功利的基础上，那么他的行为总是不可靠的，人生的价值也是停留在低层次上。在一个良性的社会，人们做事的评判标准应该是：因为这件事是对的，而不是因为对我有用。什么时候，当我们说出“没有其他原因，只因为这样做是对的”时，我想会有更多人站出来自发爱护环境、搀扶老人……

人们常说挑战自己，打败自己，这是把自己当成一个固态的、不足的自我来看待的。其实，人更需要发现自己、显现自己。常人都习惯生活在一套平庸者的模式中，导致生命处于潜伏、遮蔽状态，自我的本质往往被遮蔽。而鲜有人采用优秀者模式，让自我的本质和力量凸显出来。

内在品格何以显现？通过做事和创造，担当和使命。那些杰出之人正是通过创造和担当，才让灵魂和自我从某种隐蔽的状态中走出来，从而在根本上认识自己、理解自己。

电影《七武士》中的七个武士，冒着生命的危险而且没有任何奖励，接受一个挑战，拯救了自己。生活于世俗中的常人，容易戴上“近视镜”，手拿“名利尺”，麻木、机械、被动、琐碎地复制着一天天的生活。生活缺乏美好创造，生命缺乏“高峰”体验，灵魂处于沉沦、遮蔽状态，生命如一潭死水，“清风吹不起半点漪沦”。只有优秀的人才能时刻警惕自己的生命状态，通过不断积极做事，做“无用”的事，来拯救自己。

从某种程度上来说，在新教育网络师范学院学习就是“无用”的事，因为它换不来现实工作中的职称、工资、待遇、评优评模范等看得见的利益。所以有的人进来瞅瞅热闹，发现不了多少“有用”的东西，很快就溜走了；有的人在现实生活“受了伤”，想进来找点依靠、温暖和安慰，而发现这里更“冷酷”，也就撤退了；有的人，生命曾经在此得到涌现，但现实中有更多“有用”的事需要做，也就慢慢淡出了……

有一种人只知道做“有用”之事，慢慢就沦落为“无用”之人，即常人；另一种人，明白要做点“无用”之事，慢慢就成为了“有用”之人，即优秀之人。

有用常常就是无用，无用可能恰是大用。这不是绕口令，而是人生的一种智慧。

不是吗？

水泊梁山可是离不开“智多星”吴用的。

第二章

让课堂充满生命活力

理想的课堂应该扎实有效，发掘魅力，充满活力。扎实有效，是指教学目标准确、清晰，教学方法合宜、有效，教学效果显著，满足学校、家长、学生的需求。发掘魅力，是指课堂要重现知识创生的过程，努力让学生经历知识原初创生时的困惑、探索与喜悦的过程，教师、学生、文本三者深入对话，对学生形成智力上的吸引与挑战。充满活力，是指课堂中，不仅有人与知识的对话，还应该有人际之间、自我心灵深刻的共鸣。课堂教学不仅应实现知识的重现，还应实现学生与教师生命的复活。

9. 初登讲台老师必备的六种意识

今天，听了番阳学校小组四名老师的课：两节语文、两节数学。数学分别讲五年级的三角形面积计算公式和梯形面积计算公式，语文是四年级的《我为江主席献花》和五年级的《去打开大自然绿色的课本》。

总体感受是：作为新登台老师，讲成这样是可以理解的，但如果一直停留于这样的课堂而期望学生成绩提高也是很难的。老师们提高、前进的空间还很大。

总结四节课，我认为刚刚登上讲台的老师，要具备以下六种意识。

第一是知识意识。说白了就是你这节课要教什么，重点是什么，学生在学习中的难点可能是什么。很多老师会纳闷，这还不明白吗？三角形面积公式当然就是教这个公式了。当然如此，但没有“因”就没有“果”，如果仅是教三角形面积公式，那么上课直接提出来，让学生背诵，然后套进例题练习就行了，事实并非如此。求公式是“果”，而如何得来“公式”是“因”。没有把“因”弄明白，“果”也是虚的。如果没有让学生弄明白三角形和平行四边形的关系，没有把这个难点突破了，学生对得来的知识也是模糊的、不牢靠的，更重要的是学生不会发展智力。数学知识的逻辑性很强，一环套一环，如果不把两个“环”中间连接的地方让学生“焊接”牢靠了，那么得来的下一“环”就会随时“脱落”。知其然，而不知其所以然，那么这样的知识就是僵死的，没有魅力的。只让学生死记硬背，不引发学生真正的思维，会损害其智力的发展。

第二是学生意识。老师在备课时要以学生的思维为出发点，琢磨如何引领学生从未知到已知，琢磨在哪一个环节上学生可能有困惑、疑难、障碍，要考虑到学生的知识储备、生活阅历，这样在举例或打比方时才能引起学生的共鸣和响应，才能调动学生储备，激活思维。给海南的学生打比方用大海、橡树、椰子、槟榔就比用雪、松树、杨树、枣树要好。要考虑到小学生真正能精力集中的时间大约是在课堂前 25 分钟，老师不要一堂课滔滔不绝，满堂灌。

课堂上，要随时关注学生的思维。对课堂知识，自己不仅要非常清楚，还要口头表述清楚；不仅自己表述清楚，还得敏锐地判断学生是否听清楚。

课堂上，讲解题不要总是侧向一面，导致一部分学生始终看的是你的背部；制作直观教具时，要大一点，最好用不同颜色对比鲜明，让学生看得更清楚；让学生站起来回答问题，要及时让其坐下；要时刻关照全班，不要导致有的学生一直举着小手，而老师根本看不见。

第三是组织意识。课堂不是学生看老师演话剧，学生就是“演出”的主角；老师不是站在岸上的游泳教练，而是要和学生一起游向“真理”的彼岸；课堂上，就如同原始人围绕在篝火周围一样，老师要和学生聚集于知识的周围，发掘知识的魅力。学习的过程要全员参与，全程参与，而不是一部分或者一段时间参与。课堂学习的主体是学生，但年轻老师或者因为对知识把握不准，或因胆怯，或因对管理学生感到无奈，往往在课堂上出现如下问题：有的只顾及讲解知识，忽略了学生的认知和思维，成了自弹自唱；有的到教室中间检查个别学生，其余学生随便开小差；有的只注意讲台上几个做题的学生，讲台下的大多数成了无所事事的“看客”。课堂上要时时刻刻让每一个学生都有学习的任务，不能让一个学生游离于课堂之外。孔子说“不愤不启，不悱不发”，但有的老师不注重悬疑、讨论、质疑，不能激发学生的好奇心，课堂上平平淡淡，学生的思维犹如在沙漠上闲逛，没有方向，没有动力。

第四是准备意识。凡事预则立，不预则废。好的一堂课不是老师在课堂上的灵机一动、即兴发挥能生成的，这和课前详细、周密、辛苦的准备是分不开的。今天的数学课，上课后老师让学生剪梯形就用了十多分钟，自己画表格又用了三四分钟。语文课上，老师用了不必要的时间在黑板上板书一个个生词。其实这些工作都可以在课前完成，课堂是发起总攻的阶段，不能上战场了，还得磨刀、擦枪、装子弹。

电视台娱乐节目录制前都要进行充分“热场”，让观众活力四射，激情洋溢，这时主持人就在一片欢腾中闪亮登场了。课堂也如此，但不是“热场”而是需要“冷场”，课前三分钟就应该让学生进入教室，拿出课本，进行预习，提前进入学习思维状态。而今天看到的情况是，有的学生踩着铃声趿着拖鞋摇摇晃晃进入教室，满面通红，手拿弹弓，汗流浃背，衣服敞开，坐下之后，还气喘吁吁。等安顿好，拿出书来，五六分钟都过去了。这哪是来上课，看电影还差不多。

第五是规范意识。课堂上，老师一言一行皆是学生无形的榜样、表率。数学科目，一字之差，谬之千里。很多时候，从学生身上能看到老师的影子。对小学生，任何一科老师的板书都要一笔一画，板书设计做不到美观，起码要整洁、清晰。语文老师最好在黑板上提前画好田字格，教学生认字时，要工工整整地写在上面。数学老师作图，一定要用直尺或三角板等教具，画什么就要是什么。今天上课，数学老师画平行四边形，随手作图，四条边都不平行，怎么要求学生工整、规范？数学的术语表述一定要严密，用学科语言。一位数学老师说“梯形的面积是平行四边形面积的一半”，这样的表述就是错误的，应该是“把平行四边形分成两个完全相等的梯形，其中一个梯形的面积是平行四边形面积的一半”。三角形面积的公式是底乘高除以二，但也要表述清楚，高是哪个底上的高。

第六是反思意识。带队这么多年，听了上百节实习支教老师的课，深深感受到，在初登台的一个月内，重要的是反思自己的教学，而不是埋怨学生的差劲，很多时候，是自己的课使学生糊涂。学生做不好作业，主要是课堂就没有理解，没有接受。许多新登台老师的课堂，有一半甚至更多的时间是在做无用功。

如果老师课前仓促备课，课后又不反思，或者把反思之剑指向学生，这是不会提高教学质量的，大量的"夹生饭"由此产生，考试时学生只能傻眼。不在课后严谨、冷静地反思自己，仅仅是在空间或者微博中发一些情绪性的抱怨，无助于专业技术的发展。

反思不仅在课堂后，其实课堂中也需要，老师要随时敏锐地观察学生的眼神和精神状态，判断学生是否还在思维，或者思维是否遇到困惑，及时反思问题之所在，调整自己的原定计划。

最好的办法是，自己拿个摄像机或者录音设备将课堂录下来，课后仔细观看自己的教学课堂，会比较清晰地看到自己的不足。反思要及时，许多感受瞬间即逝；反思要书写，写本身就是慢慢梳理的过程。

以上六点认识，是我今天听课的感受，有的不周全，有的也不一定准确，供老师们参考。今天四位老师准备还是充分的，工作积极性是很高的，只是由于经验和知识有限，出现一些不足，在情理和我的预料之中。其实他们的优点也是很多的，如陈恩学的教学组织能力，李晋霞的板书都很不错，只是我的总结就如医生看病，"健康"的部分就不说了。

未来两周，我的工作是听完全部实习支教老师的课，相信老师们能够触类旁通，举一反三，尽快提高自己的教学技能。

10. 一场战斗 一堂课

一

一则微博上的消息吸引了我:“青岛原德国租借区的下水道在高效率地使用了百余年后,一些零件需要更换,但当年的公司早已不复存在。一家德国企业发来一封电子邮件,说根据德国企业的施工标准,在老化零件周边3米范围内,可以找到存放备件的小仓库。城建公司在下水道里找到了小仓库,里面全是用油布包好的备用件,依旧光亮如新。”

细节体现品质。该施工标准细致地规定备用零件要放到几米远的地方,可见制定标准者的严谨与责任心,可见该标准的规范性和全面性。结果是真的找到了小仓库,而且备用件还用油布包好,又可见施工者的严谨和责任心。理解了这些,就不难理解为什么“这条下水道高效率地使用了百余年”。

也许,这则消息是杜撰的,但其所呈现的道理,却值得思考。一流的执行力、高度的责任心造就了卓越的品质。完美与否,存乎一心。上周一位副组长迟迟未能交工作例会记录,询问原因,回答:忘记了;个别老师对布置的工作,迟迟不能落实,等反复催促方能完成;有的老师丢三落四、粗心大意,总是不能独立完美地做完一件工作;有的老师不注意下发的文字排版要求,交回的文档粗制滥造……

一头狮子率领一群绵羊能打败一只绵羊带领的一群狮子。什么样的老师带出什么样的学生,学生的现状就是老师的一面镜子。我很担心,如此做事的品质,如何能做好教育工作?如何能养成学生良好的习惯?

一个关于小小的下水道备用件的故事,不能不引起我的深思。

二

本周,我开始了第一轮听课,共听了番阳学校和毛阳学校共9名实习支教老师的10节课。9名老师积极认真、谦虚钻研的品质让我由衷高兴,绝大多数老师展示了良好的教学基本功和职业素养,不论是教学目标的确定,还是教学方法的选择,都是可圈可点的。作为刚刚登台的老师来说,做到这一点是非常不错的,是很不容易的。我相信,假以一定时日的磨炼,大家都会成为一名优秀的教师,成为受学生欢迎的老师。

但在欣喜的同时,我也倍感压力:目前开局虽然不错,但距离我们提出的“争第一”的目标,还需要提高、提高、再提高,而且“一万年太久,只争朝夕”!

三

目前课堂的共性不足是什么呢?一是对课堂的结构、任务、要求认识不明;二是课堂管理不严。

一堂课犹如一场战斗。

何谓一场战斗?即士兵在指挥官的指挥下,采用恰当的战术完成(夺取)任务(阵地)的过程。

何谓一堂课?即学生在老师的指导下,采用有效的方法获取(解答)知识(问题),提高能力的过程。

指挥官指挥一场战斗要明确三点:明确的任务、有效的战术、成功与否。老师上一堂课也要明确三点:教什么、怎样教、教得如何。战斗的主角是士兵,课堂的主人是学生,指挥官和老师的作用在于“运筹帷幄之中”。打仗要知己知彼,方能百战不殆,上课也要“知己”——了解学生的基础、习惯等,“知彼”——明白知识的轻重所在、来龙去脉。打仗讲究兵马未动,粮草先行;上课也讲究要学习新知,先复习旧知,所谓温故而知新。

从十节课来看,存在以下几种类型的不足:

一是“阵地不明”型。指挥官指挥士兵来到前线,枪支弹药也带足了,诸如一字长蛇阵、八卦阵等基本战法也有了,见着敌人就打,但打来打去到最后不清楚主攻阵地在哪儿,任务是什么。在课堂上,表现为不清楚一节课要教什么,也不清楚学生的学习目标是什么,不明白最终要达到什么教学目的。常娅婷在教语文字词时,笼统地知道目标是掌握字词,但“掌握”是指认识呢还是会写?就不甚明了。四年级数学有一章是让学生认识容量“升”这个单位的大小,但王小金在课堂中让学生感知的一升水却是不准确的。所有的考试都是用笔写出来的,但两位英语老师在课堂上却都没有训练学生写一词一句。这些都属于教学目标不明确。教学目标不明确的原因是什么?是老师备课不充分,对教材没有认真分析。

二是“舍本逐末”型。本来的任务是夺取一号阵地,而士兵却和阵地外的几个哨兵纠缠了大部分时间,导致贻误战机;本来是直捣黄龙府,士兵却在路上打起了野猪。四年级的语文课,文章是学习的主要目标,字词就是拦在文章前的几个“哨兵”,要解决它,掌握它,但不能把大部分时间花费在字词上,陈华美、云笛上语文课,在字词这个“哨兵”上花费的时间太多,事倍功半。常娅婷的语文课,本来是认识几个字，但在教学过程中，却把许多时间花费在词组上，这就是打起了“野猪”，学生有没有收获？有，但词组不是这节课的主要任务。因为花费大量时间“逐末”，导致没有时间让学生掌握本节课的主要学习任务。

三是“越俎代庖”型。战斗的真正主角是战士，指挥官本应该在后方发出指令，统筹兼顾，随时根据战况调整战术，并督促每一个士兵全力向阵地冲锋。但这种指挥官，不顾及战士实际情况，自己一人冲在前面，导致自己手忙脚乱团团转，而士兵悠闲自在闲溜达：有的在沿路赏花观景，有的打起了兔子，有的干脆躺在地上睡觉。在课堂上，学生是学习的主体，老师应该是组织、调动、检查、督促学生进行学习，从这个角度来讲，老师是导演、策划，本应是居于幕后，即使站在前台，也是启发、答疑，是学习中的配角。但在教学中，所有的老师都存在这样一个弊端：自己讲的多。老师从头到尾滔滔不绝地讲，而缺乏组织学生学习。很多老师经常说“学生不配合”，从这句话中就可以看出没有搞清楚课堂的主体是谁。如果老师是主角，就需要学生的配合；如果学生是主体，那应该是老师配合学生。

林翠、陈华美、高芳彬一节课在讲台上手忙脚乱、口干舌燥，学生有的左顾右盼、有的交头接耳、有的一脸茫然、有的伏头睡觉，偶尔几个学生条件反射式地“呐喊”几声，除了给课堂增添点“生机”外，对知识依然是“丈二和尚摸不着头脑”。

四是“贪多求全”型。抗美援朝初期，志愿军在整体不占优势的情况下，为什么能取得一个又一个战斗的胜利？秘诀就是集中优势兵力，在局部战场形成绝对优势，如歼灭美军一个排，就可能动用一个团的兵力，如果均衡对付，贪多求全就形不成优势。课堂教学也是如此，一个大的教学目标要分成几个阶段目标，调动学生完成一个目标后再转移到另一个。对每一个目标都要及时检测、反馈，看学生是否掌握，如果没有掌握，就需要及时巩固。如果把全部目标都摆出来，学生一下子吸收不了，头脑里就会一片糊涂。王丹丹在讲英语时，一节课学习单词和句子，在学生还没有掌握单词的情况下，就出来句子，导致一节课学生既没有掌握单词，也没有掌握句子。宋统丹讲五年级数学中的数对，虽然是一个简单的问题，但由于没有把总目标清晰地划分为分目标，导致在上完课后，还是有许多学生没有掌握。

五是“纸上谈兵”型。提高战斗力贵在实战，没有实战，也要演习，理论再完美，也会和实际有差异。掌握知识贵在让学生练习，练习既是目标也是手段，从最浅的目标来说，课堂学习的首要目的是让学生拿高分，所以会做题是目标。练习能巩固知识，练习能暴露问题，从这个角度来看，做题也是手段。从来解题能力就不是听会的。课堂要让学生大量练习，力争在课堂上要完成三分之二的课后习题。能课堂完成的作业，就不要留在课外；能学校完成的作业就不要留到家庭。现在大家感觉课堂没有时间给学生练，主要是因为老师讲得多，没有达到精讲的要求，其实很多知识是老师不讲学生也能独立学会的，课堂本来就要培养学生自学的能力。课堂练习，尽量达到当堂批改，当堂反馈。课堂练习要重视学生的动手练习，重视学生上讲台练习。作文训练，一要激发学生写作兴趣，二要让学生勤写随笔，三要让学生多读书，四要尽量给学生“面批”，五要老师和学生一起写。核心是让学生动笔写，否则，讲再多理论都是纸上谈兵。高芳彬上作文课，两节课没有让学生动笔写一个字，讲得再多，也不会提高学生的写作能力。

六是“枪支弹药不足”型。战士一股脑儿冲上去，面对敌人了才发现或者是没带枪，或者是枪里没子弹。课堂中，学习新的知识，总要运用旧的知识，有经验的老师，就会在开始讲新课之前，先复习一下这节课需要的旧知识，让学生把注意力聚焦到新的知识上来。王丹丹上英语课，由于没有充分了解学生的基础，导致学生在学习句式时，连固定句式中的“this”和“is”也不知道是什么意思。

七是“不问战果”型。一场战斗是否胜利，是看是否达到了预期的目标，而不是看指挥官是否发出了指令。一堂课最终成功与否，主要看最后学生是否能独立完成习题，达到预想的目标，但很多老师只是关注自己讲完了没有，而没有重视学生学会了没有，讲完不等于学会。

听语文课，学生整节课学习字词，课后我检查学生默写字词，学生对大部分字词写不全；学习诗歌，课堂结束，我让学生默写 28 个字的古诗，能写出来的学生寥寥无几。这样的课堂不是无用功吗？所以，每节课，起码留下五分钟检测一下，这节课的教学目标达到了没有。

以上列举了课堂中的主要问题，涉及的老师仅仅是举例，并不等于全盘否定，没有列出来的老师也不等于是没有不足，目的在于引起大家的注意。

四

课堂秩序不好，老师缺乏有效的课堂管理办法，这是现在存在的一个共性问题。

课堂的灵魂其实就是一个提出问题、分析问题、解决问题的过程。

课堂秩序不好的原因是什么？

第一，核心原因就是老师没有把学生引进这个“提出问题、分析问题、解决问题”的主轨道上来，他在课堂上没有学习的目标，没有钻研的兴趣，没有成功的体验，无所事事，他不说话、不捣乱，干什么？所以，高明的老师就在于能通过鼓励、引导、启发、批评等多种手段把学生引领到这个过程上来。为什么很多课堂，老师不在不乱，老师一讲课就乱呢？就是因为老师不讲，学生自己还能有一个自学的目标；老师一讲，听不懂，所以就乱了。通过听课发现，很多课堂之所以乱，是和老师讲课不清晰，只顾自言自语、不组织学生学习有关系。

第二，老师缺乏对学生进行学习习惯的培训，学生没有养成学习上的训练有素。什么叫训练有素？就是课堂上每一个环节、每一个细节都要有规范、有要求，学生完成一项任务既要做到，而且要高效。学生读书、听课的姿势，桌子上物品的摆放，记笔记的要求，举手的动作，听到老师发出的指令要迅速完成等，这些都需要老师长期、严格地要求训练。军人为什么先从齐步走、叠被子训练呢？就是要训练令行禁止、雷厉风行、严格规范的好习惯。

我在毛阳学校听课，要求学生拿出一张纸，把名字写在第一行，就这样一个简单的要求，学生乱成“一锅粥”，我说的时候，不认真听，我讲完了，七嘴八舌问，写好的乱举手，没写好的左顾右盼。这就是没有达到训练有素。理想的情况应该是：老师讲的时候，教室静悄悄的，都在仔细聆听，然后迅速做，做完抬起头，放好笔，等老师下一个指令。

第三，学生对老师没有敬畏感。孩子毕竟是孩子，爱每一个孩子就应该既关心又严格。学生理解老师的意思，可能执行起来就容易，但现实情况是，总有个别学生调皮顽劣，听不进道理，对这样的孩子，在课堂上就需要老师用威严把他先镇住，起码达到不扰乱课堂的目的。当然，让学生有敬畏感，不是要求老师体罚学生，让学生身心受到摧残。其实，对这样的孩子，只要用有效的方法，辅之以极大的耐心和爱心，也是可以转变的。

管理问题是一个大问题，也是一个复杂的问题，但有效管理课堂，还是比较容易的。这不仅仅是班主任的事，也是每一个老师的事，谁的课堂谁负责。

严格抓课堂秩序，这是我们现在首要的工作。

五

本周过了“三八”妇女节，五指山市各所学校校长对我们的热情令我感动不已。毛阳学校和水满学校的校长都邀请我们的实习支教老师一起和当地老师出去旅游。水满学校中心小学的当地女老师还要交一部分钱，但我们的支教老师都是免费的。毛阳学校陈校长考虑到四个老师都出去旅游，剩下一个男孩子孤单，就把高芳彬也带去一起旅游，成了唯一的男老师。其他学校的校长也全部邀请了我们支教的老师和当地老师用一起聚餐等方式庆祝妇女节。如此盛情，我们更应该对工作全力以赴，用优异的成绩来回报学校的厚爱。

上周布置了听课、课外辅导和广播体操三件事，从现在来看，番阳学校小组抓得很紧，其他小组从汇报来看，也在积极行动，落实得不错，但现在学生对课外学习还没有形成习惯，还认识不够。抓广播体操的力度还不够大，效果还不明显。教室里的许多文化装饰也还是上一学期的，需要很快更换。我们的工作还需要进一步加强。

几处细节让我非常高兴。

毛阳学校两个班级开始在教室里种花，学生每天细心地观察自己的花生长情况，这样既美化、绿化了教室，又培养了学生的观察能力、动手能力。

常娅婷要求学生不能把垃圾扔在教室里，下课时随手把垃圾带走，这种文明的习惯非常好，值得推广。同时，常娅婷严格要求学生，对读书的姿态都有要求，朗读时，身体坐直，把书拿起来，非常整齐，而且朗读的声音也是铿锵有力，这就是训练有素，大家可以到博客中看相关相片。

但也有一些上学期已经保持得很好的习惯，由于老师的更替，行为习惯出现滑坡，比如不允许学生在学校吃零食、在学校讲普通话、上课要穿鞋、见了老师要问好等，需要大家继续严格要求。优秀是一种习惯。既要严格要求学生，也要严格要求自己，这样才能达到言行一致，行为世范。虽然可能海南许多小孩子有不叠被子的习惯，但我们实习支教老师还是要把被子叠好，把宿舍的每一个角落都要收拾整理干净。要把上学期老师的课程表等更换成现在的。下一周，我听课时，也要检查老师们的宿舍。组长要组织老师们利用本周末把宿舍彻底清扫一次。

六

试玉要烧三年满，辨材须待七年期。

新学期大家积极的行动，高度的热情，低调、谦虚的态度已经赢得了所在学校师生的认可。但工作贵在坚持，真正评价一个人的工作态度，不是看以什么样的态度开始，而是看以什么样的态度结束。特别是在遇到困难、挫折，经受误解、没有成绩的时候，在一个人独自工作，而还没有被领导肯定的时候，这才是真正考验一个人品质的“试金石”，也是锤炼一个人成长、成熟的“熔炉”。在我们还没有取得成绩时，更没有丝毫倦怠的理由。

难道实习的意义不也在于此吗？

本学期，各所学校增加了其他师范学校的实习生，这就有了对比，有了鉴别。我们一定要以更加热情、谦虚的态度，更加废寝忘食的付出和一流的团队精神树立起我们忻州师院学子在五指山市的崭新形象。

春光明媚日，正是耕耘时，老师们：让学校因我们而焕发生机！让孩子因我们而体验幸福！让青春因支教而熠熠生辉！

11. 还是要回归课堂

一

开学已经快两个月了，估计很多老师在教学上有这样的困惑：备课很认真，上课也忙忙碌碌，每天作业也有，课后还加班加点给学生进行辅导，但为什么学生的课堂表现、成绩都还是不如人意？为什么一些学生在课堂上总是心不在焉、我行我素？甚至一些学生开始厌学，对老师的辛苦视而不见、充耳不闻？学生基础太差，如何组织教学？

学生的现状绝不仅仅是单方面的因素造成的，克服这些因素也不是"一招鲜"就可以解决的。前几天，连续听了郑朝瑞、陈人仁、符启娴、莫孙伟的数学课，形成了一些心得，即解决这些问题，还是要回归课堂，从课堂找原因，从自身找原因，从提高课堂质量开始。

学生基础差是现实，的确给我们的工作带来很大的困难。但我们的任务不在于让学生达到什么高度，而是让学生在原有的基础上提高。同时不容忽视的一个现实是：由于我们的课堂质量不高，导致学生接受不了现有知识，而这又成为未来的基础，不难预料，下一批实习支教老师还会埋怨："学生基础差！"莫非"基础差"是教学质量提高不了的全部原因吗？我认为，是一个因素，但只是一个很小的因素。正如上午和一个老师说："九月份开学，学生认不对二十六个英文字母，这是基础差，但两个月、一学期过后，依然认不对，这还是学生基础差的问题吗？"所以，我认为还是要回归课堂，从课堂寻找原因，从自身找原因。

学生基础差绝不是教学失败的原因，而是要我们更加慎重地考虑：确定什么样的学习目标，采用什么样的教学方法。

课堂中存在的主要问题是：在目标上，学习目标模糊或太多。在方法上，一是老师不能按照学生的思维认识来组织教学流程，该详细讲解的地方简略了，而本应给学生留出的思考时间恰恰被老师占用了；二是课堂上给学生练习的时间少，在黑板上练习的学生少。

针对数学而言，什么样的课堂是理想的课堂呢？我概括为：目标适中明确，讲解精练到位，练习及时有效。

第一,对于学习基础薄弱的学生,教学目标就不能一味地以课本的章节来划分了,有时一节课的内容需要分成两节或三节来上,这样就可以空出一定的时间保证回顾过去的相关知识,保证一定量的课堂练习。

第二,讲解精练到位。老师的讲解首先要语言精练,少说不必要的话,特别是新教师,语速要慢下来,对重点知识、学生感到疑惑的地方更要反复强调,着重强调。

第三,练习及时有效。及时是指要当堂训练,力求课本上的题,在课内就练完;有效是指要让大部分学生上讲台,不需要太重视举手,而是要一组组地上讲台写在黑板上。为什么呢?因为主动举手的往往能做对,而不举手的往往做不对,而举手的往往是少数,不举手的是大多数。如果只重视举手的学生,那么其他学生慢慢地就在课堂上无所事事。再一点,练习环节要严格督促,检查每个学生都要落实,不能顾此失彼,重视了讲台上的,忽视了讲台下的。

在听完课后,我总结了几点心得:数学必须反复地练习,课堂就是让学生出错的地方。课堂出错相当于打"预防针"。对做错的题要重点讲,对做对的题可以略讲或者不讲。课堂上学生做错的题远远比正确的题更有价值。自愿上去的学生往往能做对,老师抽上去的学生往往做错的多。总结答题规律是必要的,但一定要建立在学生大量实践基础上,否则是空洞理论。学生思维产生困惑的时候,老师的点拨最有效。

听课过程中,我一直在思考,为什么老师占用大量时间讲了很多,而大部分学生做题还是不会呢?依照我的观察,主要是以下方面的原因造成的:

第一,课堂上只注重讲解知识不注重管理学生。苏霍姆林斯基说,老师上课的注意力应该主要集中在学生身上,对学科知识要达到"自动化"的程度。有的老师上课只关注一部分学生,有的老师一节课眼神都不和学生进行交流,只是在自说自话,这样显然效果就不好。

第二,课前对学生基础不了解,对学生思维中的困惑点把握不准,导致重点没有突出,难点没有攻克。

第三,老师滔滔不绝地讲,事无巨细地讲,导致学生思维疲惫,放弃学习。

二

教育永远不像工厂一样,投入研发,开发新产品,然后工人按照操作流程在流水线上批量生产就万事大吉。教育的复杂性和魅力正在于我们面对的是一个个活生生的人,是一个个有丰富心理体验的人,即使年龄再小,他也有思想、有情感、有判断。教育有规律,有方法。但什么时候应该用什么方法,什么人用什么方法,这需要老师有极高的智慧、耐心、细心,更需要爱心。不同的人需要用不同的方法，面对同一个人，在不同的时候可能也要用不同的方法。正因为欠缺这“三心”和足够的智慧，所以现实中就有了体罚的市场。

如果不出所料，还有很多实习支教的老师依然在为班级管理而费尽心思，焦头烂额：有些学生好说歹说就是不学习，你可以把他人留在教室里，但能不能将心也留在教室里那就不一定了。

学习差、行为习惯差的孩子有没有好的办法呢？是有的。要真正地达到教育的目的，宗旨是老师要想方设法让学生在学校有所乐，有所为，有所获。

简单地说，就是让每一个学生都能在学校找到乐趣。老师要观察每个学生的爱好和特长，特别是对不爱学习、不服管教的学生，看他喜欢什么，爱篮球就让他多打篮球，爱唱歌就让他去唱歌，先从他的兴趣着手，让孩子在学校找到一方乐土。这就是有所乐。

除了有所乐，还可以让学生多做点事，比如将班级的事务进行划分，让不同的学生负责，如收作业、管电灯、管卫生、管学习检查等。这就是让孩子们有所为。

当孩子做到上面两点时，他会慢慢地发生变化的，这时你再逐步地提出学习的要求，他也是会慢慢进步的。这就达到了有所获的目的了。当然，这中间需要老师足够的耐心、细心和宽容心，不要吝啬你的表扬。

从学习层面看，学生可以分为四类：一类是老师不督促也能主动学习的；二类是老师督促就学，不督促就不学；三类是经过老师管理能保证纪律，但不学习；四类是或根本不服从管教，和老师对着来，或智商不高，有生理原因。

由于受考试平均分排队的压力，许多老师在后两类学生上花费了大量的时间，教育工作犹如一部斗争史，在和这两类学生的“斗智斗勇”中，老师费劲了心思，吃尽了苦头，焦头烂额，还不见成效。

其实，对不同学生要求不一样，方法也不一样，侧重点也不一样。对第一、二类学生多提要求，严格要求；对第三、四类学生要降低要求，安抚为主。

需要提醒的是，当班级内一再出现问题，当你认为一些学生无可救药时，这时应该好好地反省自己了，而不是埋怨、指责。

三

九月份的工作总结收回来了，共有郑招瑞、黎培刚、陈思思、符汉忠、韩洪畴、李振宇六位老师的总结评为优秀。为什么要写总结呢？

第一，教育工作需要我们不断反思、不断总结，在反思中前行。很难想象一个不反思的老师能得到专业技术的发展，不反思的老师收获的只能是浅薄的经验和牢骚、埋怨。

第二，要养成随时将想法、得失记下来的好习惯。很多时候，脑海里有灵光一现，但如果不写下来，很快就过去了，时过境迁，感觉到经历很多，但具体来说却说不出来，这就是不动笔的原因造成的。

第三，一学期的实习如同进行化学实验一样，我们需要不断地对教学进行跟踪、观察、筛选、纠正、验证，这些都需要点点滴滴记下来。

第四，急功近利地说，是为期末的总结做准备，只有平时总结了，到一学期结束时，才不会发愁写总结，否则到时候思绪万千，但下笔无言。

看了大家的总结，整体质量不高，起不到应有的效果，主要问题是：感性多，理性少；随感多，总结少；感动多，困惑少；写过去多，谋划将来少。组长和副组长写自己班级教育教学多，写自己开展小组工作少。

总结不能写成散文、记叙文，而是要将过去一个月的教育教学管理工作进行梳理打包，特别是将困惑进行梳理，然后提出自己下一个月的工作计划。要多谈困惑，要理性思考。

总结最简单的写法是分为四个部分：主要工作、主要经验、存在不足、改进措施。当然，文无定法，老师们也可以根据自己的实际，创造性地写。总而言之是要有心得、有价值。

四

老师们，时光飞逝，忙忙碌碌中，虽然感觉刚刚熟悉工作，一切还在踌躇满志的规划中，但两个月就很快过去了，工作的五分之二就要结束了。岁月催人老，时不我待啊！此时，刚开始的新鲜感渐渐消逝了，热情被现实的困惑消磨殆尽，这时，最容易出现放松、麻痹的心态。一千多年前，魏征就对唐太宗谆谆告诫：善始者实繁，克终者盖寡。今天，对我们的支教工作而言，也需要时刻明白：谁笑到最后，才笑得最好。开始好不算好，结尾好才是真正的好；一时的好不算好，长久地好才算好。所以，要全力以赴，持之以恒，善始善终。

五

作为多年在一线的老师，我深深地知道，我们面临的困惑远远不是几句话就能彻底解决的。宏大的叙事、豪言壮语只是特定场合的，现实面对的是大量琐碎的事务。更何况很多感受是深深地藏在内心，无法用语言去描述的。喜悦是短暂的，困惑却是永恒的，这困惑来自课堂、来自同事、来自学生、来自理想、来自现实，甚至来自生命……

还是让我们看一段纪伯伦的话，共勉吧！

一位农夫说，请为我们谈谈劳作。

他答道：

你们劳作，故能与大地和大地的精神同步。

你们慵懒，就会变为季节的生客，落伍于生命的行列；那行列正带着庄严豪迈和骄傲的顺从向永恒前进。

劳作时你们便是一管笛，时间的低语通过你的心化作音乐。

你们中谁愿做一根芦苇，当万物齐声合唱时，唯独自己沉寂无声？

12. 最简单的音符，需要最艰苦的练习

一

为什么不论哪所学校、哪个年级，学生数学平均成绩都是徘徊在二三十分，成绩背后的真正的原因是什么？最近，我一直在反复思考这个问题。

我一次次听课，从课堂中寻找答案，昨天听课后，我更加深信不疑：不深入到课堂中，永远找不到问题之所在。

上周，培刚和我到南圣学校听了陈人仁的数学课，我谈的核心是：数学课必须精讲多练，必须让学生上讲台在黑板上练。培刚回来按此思路进行教学，但反馈的消息是困惑很多。昨天下午，我到毛阳学校认真听了黎培刚和韩洪畴两位老师的课，在课堂上我边观察边思考，发现了几点过去没有认真思考过的问题：一是必须让学生进行长期、反复的加减乘除练习；二是必须进行严格、细致的规范训练。今天早晨，我对番阳学校四年级的两个班进行了调查统计，更加使我深信，这两点问题不解决，数学成绩想提高是天方夜谭。

二

黎培刚讲的是四年级数学“右括号的混合运算”这一专题。一上课，培刚先复习了几个没有括号的混合运算题，学生回答得比较好，然后开始进入新课，学生很快就理解了“先算括号内，后算括号外”的道理，然后开始一拨一拨地上讲台练习。然而，效果很不好，相当多的学生不能准确做对。问题很多，但几个细节引起了我的思考。

细节之一：一个学生 90 减去 67，不会算。类似的算不对加减乘除的情况很多，而学生做错的根本原因也在于此。大部分学生做错题不是不懂先算什么，后算什么，而是不会加减乘除法。我恍然大悟，突然明白了学生成绩低的原因之所在。盖房子，连砖也没有，你图纸再漂亮，工匠手艺再好，有用吗？为了验证我的判断，今天上午，我检测了番阳学校四年级两个班共 77 名学生，我出了加减乘除各一个题，限定时间，收回试卷。统计结果为：全部正确 12 人，占 16%；做对 3 道

题的 14 人，占 18%；做对 2 道题的 24 人，占 31%；做对 1 道题的 13 人，占 17%；全错的 14 人，占 18%。统计一下，可以这样认为：三分之一的人一窍不通，三分之一的人能做对一半，三分之一的人基本会做。本来是最简单的、最基础的运算，是这样的结果，可以说触目惊心。

细节之二：有个学生算算式，上边是乘号，挪下来就写成了减号；坐在我旁边的学生，在作业本上乱画，草稿本和练习本没有区分，有的在课本上列算式，有的在课桌上列算式，数字写得东倒西歪，横七竖八，作业不叫写作业，叫"涂鸦"，眉毛胡子一把抓。老师点名让学生上讲台，几个学生穿着拖鞋，松松垮垮，晃晃悠悠，慢慢吞吞上讲台，完全没有一种紧张的态度。从行为到思维完全没有一种严谨的作风，难怪做题丢三落四。我一般不愿意用"粗心"来描述学生，说"粗心"好像是先天性格如此，其实这都是平时缺乏严谨训练造成的，这不是经过黄埔军校训练出来的"正规军"，是山大王带领的散兵游勇。行为影响思维，行为体现思维，没有严谨的行为习惯，没有严谨的学习习惯，要有正确的结果，那是不可能的。

三

介于以上两点情况，提出两点建议：

第一，加强加减乘除训练，日日练，反复练，直到百分之九十的人能熟练运算为止。从课前或者课后每天挤出 10 到 15 分钟时间，加减乘除各做一道，让四个学生做到黑板上，然后老师讲，要对疑难点重点讲。然后，再出四道题，让学生做到一张纸上，收回检查。要通过检查，随时了解学生的难点是什么，然后针对性地进行弥补。进行此项工作也要有策略：要遵循先易后难，突出重点的原则。

第二，进行严格、细致的规范性训练。从行为举止，课堂的表现入手，规范作业等一系列学习行为。上课老师一点名字，要立刻应答，不能半天了还"不闻人语响"；上讲台要利索，不能趿着拖鞋，慢慢吞吞等。最主要的是学习习惯，如一定要在作业本上认真写，老师要严格要求，数字如何书写，占几格，写在作业本的什么位置，加减乘除应该如何写，草稿要写在什么地方，占几行。这项工作需要老师要有持续的耐心，一开始艰难，但越往后边越轻松，当学生习惯成为自然后，受益无穷。这都属于学生课堂训练有素的问题。

最简单的音符需要最复杂的练习。我们今天练着枯燥的舞步，是为了明天能自由地飞舞。

四

另外，根据最近实际，重申几点要求：

(1) 欢迎对布置的工作反馈不同意见，但如果没有意见，必须不折不扣地完成。

(2) 欢迎针对每份信提出自己的看法或进行讨论，但前提是必须仔细研读，然后，对照自己的工作实际，制订出下一步的调整计划来。

(3) 工作日，晚上必须在 11 点前休息。

(4)班主任工作期间必须在办公室跟班。

(5)如果学校有办公室，老师在上班期间不要回宿舍。

(6)组长晚上汇报工作不要迟于 10 点 30 分。

(7)实习老师不要在任何场合与任何老师讨论学校是非，他人是非。我们的工作一切以学校安排为主，当然如果学校领导咨询，可以谈自己的看法。要多讨论如何教学、如何带班，但不要卷入到学校内部或者所在学校老师的是非矛盾中。要树立一种单纯、热情、敬业的形象。

五

作为基层一线老师，我非常理解大家在实际工作中的困惑，甚至，直到今天，我的困惑不仅不比大家少，反而是越来越多。当满腔的热情遭遇严酷的现实，当一次次的努力换来一次次的挫折，这是最考验我们的时候。人在成功的时候很容易有信心，在失败的时候很难有信心。但恰恰面临挫折的时候最需要信心。越是成功的人，其潜能越容易发挥得淋漓尽致；越是失败的人，其潜能越是在沉睡。然而，纵然能懂这个道理，又如何？所以面临挫折之际，纵然无法重建信心，也要坚守，坚持，竭尽所能。

13. 教学中的六个问题

一

从 13 日到 17 日，第一轮听课结束。

我认为，开展课堂教学，老师要始终考虑两个方面的六个问题：

从教师角度要考虑：教什么，怎么教，教得如何；

从学生角度要考虑：学什么，怎样学，学得如何。

大多数老师只是重视了第一个方面，即只从教师角度考虑，忽视了第二个方面，所以出现了课堂上老师讲和学生学脱节的情况，老师不能根据课堂的实际来调整自己的教学目标和教学进度。下课铃响后，老师的教学内容是完成了，但学生学到了没有，这就不太清楚了。

关于教什么。数学课和英语课在教学目标上相对清晰，而语文课大部分模糊，小学语文课主要是通过带领学生走进文本，在感悟语言文字的过程中提高学生的听说读写能力。针对五指山市农村孩子的实际情况，更应该重视学生的朗读和书写能力，但许多语文课蜻蜓点水，没有带领学生走进文本，只是停留在外围泛泛地读，把语文课上成了思想品德课、环保课等。

关于怎么教。主要问题是：讲新课不复习前边的相关知识；老师的讲解代替学生的思考；只关注少数人，丢掉大多数人；板书随意；讲课“一言堂”；讲解多，练习和活动少。课堂流程一般遵循“复习旧知，学习新知”“先学后教，当堂训练”“由浅入深，由易到难”“寓教于乐”等原则。

关于教得如何。主要问题是课堂落实不够：布置了作业，缺乏检查；顾及了少数学生，忽视了大多数学生；只顾自己讲课，不和学生进行互动；要求学生记笔记，但不清楚是否落实等。其实这个问题和“学得如何”是一个问题，老师“教得如何”最终是看学生“学得如何”。只要学生在课堂上掌握了应该掌握的知识，那么这节课就是好课，否则，即使你讲得天花乱坠、声情并茂，也不是好课。

关于学什么。很多时候，老师想要教的和学生学到的是不统一的，老师教的是能力，学生可能只是学到了“僵死的知识”，这样就出现了“听课能听懂，做题却不会”的情况。知识只有通过运用才能转化为能力，由于课堂上缺乏有效的练习，所以提高能力的效果不好。

关于如何学。主要问题是由于老师讲课“填鸭式”，所以学生只是通过听来获取知识，学生没有思考、练习的时间，所以效果不好。如果老师课堂管理松弛，那效果就更差了。

二

下一阶段着重三个方面：培养习惯，强抓管理，务必落实。

优秀是一种习惯，要培养学生良好的生活和学习习惯：要求学生在课堂上穿鞋；不能把零食带进教室；每天要把脸和脚洗干净；上课前要把书、笔记本和笔准备好；迟到要报告；发言要举手；笔记要工整地记下来；上课要坐端正；读文章不能用手指着读，作业本要从上到下工整地写，不能是随便乱画……

首先要抓管理。缺乏管理是当前一个主要的问题。没有井然的课堂秩序就谈不上落实。该提醒的时候就提醒，该批评的时候就批评，该表扬的时候就表扬，这一点黎培刚、陈思思、罗雪做得好。起码保证上课大部分学生能认真专心听课，能跟着老师的思维进行思考。抓管理不是口头上说就行了，而是要从细微处着眼，从规范上着手，持之以恒地进行。如坐姿应该是什么样子，红领巾应该如何系，应该如何举手等，都需要老师手把手示范、跟进、督促、检查。

最后要务必落实。许多老师课堂讲得多，只管自己教，忽视学生学，学生课堂练习少，其实都是不注重落实的表现。教学不是走程序，不是花拳绣腿，不是观摩表演，而是要实实在在地落到实处。每发出一道指令都要明确、可行、落到实处。现在的问题是老师在课堂上也发出了让学生记笔记的指令，但学生是否落实，老师可能就不知道了。不要把落实的希望放在课后，课堂是开展教学的主阵地，课堂是学生接受知识、发展思维的主阵地。谈到落实，我有个提法：课堂上要起码落实三分之二的知识，课堂上起码要让三分之二的学生掌握知识，课堂上起码要让三分之二的学生动起来，课堂上起码要把三分之一的时间还给学生。

三

不知道有多少老师能坚持读《给教师的建议》，坚持写教育随笔。昨天晚上，我和番阳学校小组的老师开会时说，其实，我们很多时候都是在走弯路，在同一个水平上徘徊，看似忙，实际是在原地踏步，有感慨无启迪，有问题无办法，有感受无顿悟。为什么？就是因为缺乏先进教育理念的引领。如果我们能每天精读一点苏霍姆林斯基的文章，等于给我们找指南针。这种读不能是走马观花，而应该是一字一句地读，先努力去理解，然后联系实际，琢磨应该如何做。番阳学校小组昨天决定展开“共读活动”，每周指定几个章节，然后轮流做主讲人，我觉得大家不妨也借鉴一下。

海南的秋季依然和春天一样绿意盎然，生机勃勃，湿湿的空气、盛开的鲜花，丝毫感觉不到秋天的到来，我也希望我们就像外边的椰子、槟榔一样绿意葱茏，生机勃勃，用我们的激情和知识去不断润泽每一个教室里的生命，让这段时光成为我们青春岁月中的经典回忆。

14. 聚焦一堂课

11 月 14 日，我在原平市子干联校参加了语文公开课活动。实习支教老师讲授的是人教版小学六年级上册的文章《穷人》。

因为参与者大部分是刚登讲台的实习支教大学生，所以，在评课中，我除了对课堂进行点评之外，主要运用新教育理想课堂框架知识，围绕“新教师如何上好一堂课”的目标，从文本解读、教材解读、目标确定、“大问题”构思、聚焦“交集点”等方面阐述了自己的看法。

一

《穷人》是一篇小说，小说的重心在于塑造人物。

要塑造人物，总需要把人物放在特定的场景（情节）中，通过特定情节使人物跳出“常规”，让人物的深层心理在非常规状态暴露出来，得以显示其个性。

文章主人公是渔夫的妻子桑娜，作者选择了两个场景来刻画桑娜：一个是因为海上风暴而担心丈夫安危；一个是抱回了邻居的孩子而担心丈夫责骂。后一个场景是文本重心所在，前一个场景既为第二个场景的发生作了铺垫，也丰富了桑娜的人物形象。

人皆有恻隐之心。一个渔家妇女偶然看到邻居病故，看到两个不更事的幼儿还睡在尸体旁，就将他们抱回家。这样的行为，我想大多数人都能做到，这并没有什么动人之处。

为什么托尔斯泰笔下的桑娜做了这件事，却打动

第一，桑娜是一个贤妻良母。虽然家境贫寒 的肩膀撑起了一个温馨的家，小屋温暖而舒适，“地扫得干干净 没有熄，食具在搁板上闪闪发亮”。我们常说，看一个家庭整洁 和卫生间，“闪闪发亮的食具”，这个细节就反映了桑娜的勤快 床上，五个孩子正在海风呼啸声中安静地睡着”，屋内睡梦 风暴的寒冷形成了鲜明对比，映衬了母亲的慈爱。丈夫打渔 起了大风暴，桑娜万分担忧，夜深难寐。但她不是空坐着翘 炉旁补一张破

帆”，其勤劳、贤惠形象跃然纸上。

第二，桑娜家境贫寒，负担沉重。“丈夫不顾惜身体，冒着寒冷和风暴出去打鱼，她自己也从早到晚地干活，还只能勉强填饱肚子。孩子们没有鞋穿，不论冬夏都光着脚跑来跑去；吃的是黑面包，菜只有鱼。”可能对一个家境富庶的家庭来说，帮助他人是举手之劳，毕竟不会影响原有的生活水平，但对于一个本来就捉襟见肘的贫寒渔家来说，帮助他人，无异于雪上加霜。

第三，桑娜心地善良。知道邻居生病，“傍晚就想去探望”，晚上出来探望丈夫，也不由想到去看看这个“日子难过”的邻居。

第四，桑娜不仅是把两个孩子抱回来，而且准备抚养他们。从尸体旁边抱出两个孩子，大部分人都能做到，但要准备长期收养，这对大部分家庭都是一个难题，更何况是对一个家境贫寒而且子女众多、负担沉重的家庭，这可不是“闹着玩”的。

第五，这样一个重大的决定，桑娜并没有事先和作为一家之主的丈夫商量，而是自作主张。毕竟丈夫是家里的“顶梁柱”，对家庭要全盘考虑，增加两个孩子，势必会让本身就在饥饿线上挣扎的家庭更加艰难。正因为如此，才有了桑娜一系列的心理冲突和纠结。

在家境贫寒、负担沉重的条件下，顶着日子更艰难的压力，冒着可能被丈夫责骂的压力而自主决定收养两个年幼的孩子，这正是桑娜善良品格的闪光之处。在自己都需要被帮助的情况下，还要主动播撒爱。超出自己的能力范围，竭力帮助、关心他人。这正是值得今天我们每一个人学习之处。

二

一道好菜之所以能被大家交口称赞，除了原料好，主要在于烹饪技术的精湛。上述分析，仅呈现了作品“原料”，但要炒出可口的“菜”，还主要取决于厨师的厨艺。

托尔斯泰是一位厨艺精湛的厨师。

作为世界级的文学巨匠，托尔斯泰匠心独运，反复渲染桑娜把孩子抱回来之后内心的纠结、担心和紧张，桑娜越紧张，越能真实反映女性的特点，更反衬出其行动的可贵和品质的高贵。

如果是一个水平低的“厨师”，可能会把桑娜描述成一个大无畏的女性，果敢、坚定，敢作敢当，这反而会损害作品的艺术感染力。

当桑娜把两个孩子安顿好后，内心忐忑不安，纠结着三组矛盾：

一是抚养孩子的不忍之心与家境困难的冲突；

二是害怕挨揍和希望挨揍的矛盾；

三是“必须告诉”与“如何告诉”的冲突。

此处，作者一改之前的惜墨如金，而是从桑娜的心理、神态、动作等方面细腻描写，淋漓尽致地呈现了她激烈内心冲突：

“他会说什么呢？这是闹着玩的吗？自己的五个孩子已经够他受的了……是他来啦？……不，还没来！……为什么把他们抱过来啊？……他会揍我的！那也活该，我自作自受……嗯，揍我一顿也好！”“不，没有人！上帝，我为什么要这样做？……如今叫我怎么对他说呢？……”

内心冲突，一波三折，反复渲染，制造悬念，做足蓄势。

桑娜内心忐忑不安，紧张、纠结，“她的心跳得很厉害，自己也不知道为什么要这样做，但是觉得非这样做不可”。紧张到极点就风声鹤唳，草木皆兵了，把风吹开门误认为是丈夫推门回来。丈夫回来后，一无所知的丈夫和桑娜之间答非所问的对话，更衬托出了桑娜的紧张和不安。随后，桑娜故作随意地聊起了邻居的死亡，她从侧面小心翼翼地试探丈夫的态度，然后慢慢过渡到对两个孩子悲惨命运的简短描述，等得到丈夫明确态度后，她才彻底放心，拉开帘子，揭开谜底。

文章戛然而止，读者回味无穷。

桑娜四次“沉默”，内涵各不相同。第一次沉默，“久久地坐在床前”，桑娜不知如何向丈夫解释；第二次“沉默”，是桑娜面对丈夫，准备向丈夫解释；第三次“沉默”，是桑娜小心翼翼地描述完邻居的悲惨情况后，忐忑不安地等待丈夫的态度；第四次沉默，“一动不动”，是当听到丈夫明确的态度后，终于如释重负。

几处貌似随意的细节描写，至关重要。

第一段点到“五个孩子”，为后文“这是闹着玩吗”作了铺垫。

“桑娜站起身来，把一块很厚的围巾包在头上”，因为围巾很厚，才能“用头巾裹住睡着的孩子”。

“他会说什么呢？这是闹着玩的吗？自己的五个孩子已经够他受的了。”从这一句描写，可以看出桑娜不仅仅是想暂时收留，而是打算长期收养两个孤儿。

“哦，我们，我们总能熬过去的！”从这一句可以看出，丈夫也有收养两个孩子的打算，桑娜正是听到了这一句，才如释重负的。否则，可能丈夫仅仅是同意暂时先把孩子抱过来，而不一定准备收养。

三

以上即文本解读。文本解读重在解决两个问题：写什么，如何写。

而教材解读，要结合四个方面综合考虑：文本核心价值、学生学段、学生基础、单元要求。教材解读主要解决两个问题：“教什么”和“怎么教”。

《穷人》一文的核心价值，从人文性来说，是桑娜超出自己的承受能力，主动热心助人的高尚品质；从工具性来说，是小说运用心理、神态等多种描写手法和渲染充满悬念的高超叙事手法。

这是六年级上册的一篇文章，六年级的语文课，除了整体把握故事的梗概，还应领悟写作手法的妙处并初步学习。从单元编排来看，这一单元还编排了《别饿坏了那匹马》《唯一的听众》《用心灵去倾听》三篇叙事性文章，共同传递了人间真情。单元综述要求学生“要在读懂课文、体会情感的基础上，学习作者是如何通过对环境、人物心灵活动等方面的描写，抒发美好情感的”。

从以上因素综合考虑，按照理想课堂框架模式，初步拟定三类教学目标：

A类

(1)掌握字词(略)。

(2)能正确、流利、有感情地诵读文章，并说出故事梗概。

B类

(3)通过文本细读，分析桑娜勤劳、善良、乐于助人的人物形象。

(4)学习心理、神态描写和制造悬念的高超叙事手法。

C类

(5)与生命打通，学习桑娜超出自己承受能力，主动热心助人的高尚品质。

四

如此道德情感凸显的文章，如果分寸把握不好，课堂容易出现以下几点不足：

(1)学生不能真正融入文本，切身体会桑娜复杂心理活动；

(2)老师围绕几个重点句粗略分析，抽象地归纳出人物形象，上成思想品德课。

(3)学习写作手法，容易变成老师说出概念，学生简单地找出心理、神态等对应的句子。

(4)学生零散地分析老师筛选出的句子，讨论热热闹闹，但思维支离破碎。

如何避免以上不足？

从怀特海“浪漫——精确——综合”三阶段认知规律来看，走进文本即精确分析阶段，精确分析要建立在丰富的浪漫基础上，否则，分析就是艰涩、僵死的。

浪漫阶段的要点：(1)能流利通读文章，复述故事梗概；(2)详细批注，关键是要批注出言外之意和省略号隐藏的内容；(3)留出足够时间，学生对老师的预习作业进行认真作答(预习作业要全面紧扣教学目标)。

浪漫阶段其实已经有了一定的方向性，只有做足了浪漫阶段的准备，才能保证精确阶段分析、讨论的深入和扎实。

精确阶段，一是要抓住“交集点”，二要让学生自由探讨省略号中的隐藏内容，三是要分析写作手法在人物塑造中所起的作用。

苏霍姆林斯基说:“学习困难的学生知识不够巩固,其根源在于他们没有看出,没有理解各种事实、现象、真理、规律之间相互交接的那些点,正是在这些点上产生了各种因果的、机能的、时间的及其他的联系。正是对这些点,应当引导学习困难的学生加以注意。”

“交集点”就是那些看上去仿佛矛盾但含义深刻之处,是对文本理解至关重要之处,是能引起学生思索,激发学生探索热情之处。通过“交集点”,把学生一次次引回文本,使其在反复阅读、琢磨中真正领会文章。

从本文来说,可以提出以下“交集点”:

(1)桑娜把两个孩子从死人身边抱出来,这是人之常情,她为什么要神情紧张、忐忑不安呢?

(2)“自己也不知道为什么要这样做,但是觉得非这样做不可。”既然觉得“非这样做不可”,那么,桑娜肯定是知道原因的,但为什么又说“不知道为什么要这样做”?

(3)丈夫回来后,询问“你在家里做些什么”,桑娜为什么答非所问,“风吼得这么凶,真叫人害怕。我可替你担心呢!”

(4)桑娜明明是想告诉丈夫领回两个孩子的事情,为什么不直接言说,而是貌似平淡地说起邻居死亡之事?

(5)丈夫是同意暂时抱回两个孩子,还是长久抚养两个孩子?桑娜是从哪里听出来的?

…………

过度沉入细节容易导致思维支离破碎,课堂要避免这种弊端,就要善于用“大问题”和几个“长问题”提纲挈领,总领课堂,让课堂始终有一根清晰的主线。

“大问题”可以拟定为:桑娜哪一点打动了你。要回答这个问题,学生首先必须沉入文本,而不可能脱离文本空洞回答。其次,这个问题,和自身阅读领悟相关,和课堂的第三境界“知识与生命的打通”相关。

“大问题”主要引发学生思索,而不急于让学生做出准确回答,在课堂结束时,要再次回到这个问题,深入探讨。

课堂还要善于用不同的“长问题”形成几个板块。所谓“长问题”,就是需要学生沉入文本,经过较长时间的沉思、讨论方可得出结论,而不是脱离文本用一两句话就能回答。

如:桑娜是一个怎样的人?文章是如何表现出桑娜品质的?

精确阶段之后是综合阶段,即知识与生命的打通或写作手法的运用。

课文与我有什么关系?

桑娜与我有什么关系?

如果泛泛地得出“助人为乐”的道理，基本对学生没有多少触动。

桑娜真正值得学生学习的是：她在超出自己的承受能力的情况下，仍能主动热心帮助他人。

当你有十支铅笔，送给他人一支是容易的。当自己只有一支，而别人需要时，是否还能送给他人，这才真正考验一个人的道德。

15. 让知识“活”起来

对本周自己主持的课程研讨，不甚满意。

10 月 10 日，教育学经典课程继续研讨《教育的目的》，主要分析“自由与纪律”这一核心概念。虽然是一百多年前怀特海对英国人发表的讲座内容，但今天读来，智慧的光芒依然璀璨，智者的洞见依旧振聋发聩，其观点不仅不过时，反而更显生命力。

一

课前，再次反复阅读、批注了原文，查阅了几篇核心期刊的相关论文，对“知识与智慧”“教育的节奏”“浪漫——精确——综合”三阶段认知规律等概念进行了详细梳理，对怀特海批评英国教育的弊端进行了综述。

智慧：就是对知识的处理，确定有关问题时所需知识的选择，以及运用知识使我们的直觉经验更有价值。智慧，是可以获得的最本质的自由。养成习惯去积极利用已经透彻理解的原理，才是真正地拥有智慧。

教育的节奏：在儿童身心发展的过程中要有对自由和纪律的调节，在教育的开始和结束阶段的特征是自由，在中间阶段的特征是纪律。“自由——纪律——自由”三阶段分别称为：浪漫阶段、精确阶段、综合阶段。在智力发展中，由多个循环周期组成。

“浪漫——精确——综合”三阶段：精确阶段是通过掌握精确的知识细节，进而领悟原理的阶段，综合运用阶段是抛弃细节而积极使用原理的阶段，这时知识的细节退却到下意识的习惯中去了。综合阶段就是知识的运用阶段。需要注意的是，在自由阶段也包含纪律，但自由占主导；在纪律阶段，也包含自由，但纪律占主导。

浪漫阶段，兴趣或好奇心占主导地位。

精确阶段的关键是知识的精确。

综合阶段的本质是：脱离那种被训练的比较被动的状态，进入到积极主动运用知识的自由状态。

围绕核心概念，提前布置了 10 个预习题：

(1)智力教育的目的是什么？
(2)当今智力教育的弊端何在？
(3)什么是智慧？
(4)怀特海认为如何让学生拥有智慧？
(5)自由与纪律的关系是什么？
(6)什么是“教育的节奏”？
(7)浪漫阶段什么占主导地位？需要警惕什么？
(8)精确阶段的关键是什么？需要警惕什么？
(9)综合阶段的本质是什么？
(10)请用怀特海“自由与纪律”的观点解释这段话：“我解读诗歌，越来越从十年前的重视生发，进入到这几年的力求精确。而如果再上讲台的话，我会更重视对诗歌的基本理解和形式分析。先要有基础理解，再要努力地还原情境，还原创造之际的感动并保持复杂性，最后，再进入共鸣对话。”

二

从一般的课堂来说，这样的准备基本充分，目标明确，重点突出，脉络清晰。

但如果仅仅停留在书面的梳理，带来的尴尬是：我们学习这章是想解决如何让知识转化为智慧的问题，避免接受“呆滞知识”，然而，本章的内容很可能就会沦为新的“呆滞知识”。

派出一个士兵消灭敌人，而士兵却叛变为了敌人。为了解决落实问题而发了一个文件，不料文件精神本身也遭遇落实不下去的尴尬；为了消除形式主义而开展一项活动，不料活动自身也异化为形式主义……

这样的现象不胜枚举。

问题出在哪里？如何解决？

百思而不得其解。

于是，我打开 2010 年新教育网络师范学院讲师主持课程讨论这一章节时的授课记录。

一对比双方布置的预习作业，高下分明，恍然大悟。我们先看看新教育网络师范学院讲师布置的预习作业：

(1)有这样一种现象:有一类教师,读书很多,知识丰富,擅长写文章包括做课题研究,但是在教室里却遭遇到重重困难而无法克服,而另一类教师,读书数量非常有限,也缺乏对比较深入一些的书籍的阅读能力,但是在教室里游刃有余,不但能够获得学生的高度认同,理解学生的心并采取灵活的应对策略,而且教学成绩优异,学生在他的班级里发展良好。

请问,你如何评价这两类老师?如何理解这种现象?

(2)《论语·述而》:“不愤不启,不悱不发,举一隅不以三隅反,则不复也。”

你能用怀特海的理论对这句话予以更清晰的阐发吗?

(3)如果你的学生(或孩子)沉迷于杨红樱(或韩寒、郭敬明之类)的作品之中而不能自拔,你会如何反应?请运用怀特海关于“自由与纪律”的理论解释这种现象以及你的反应。

(4)《游园不值》:“应怜屐齿印苍苔,小扣柴扉久不开。春色满园关不住,一枝红杏出墙来。”

在《游园不值》的教学中,有两个老师分别设计了不同的题目:

老师A:请你想象一下,园主人是一个怎样的人?

老师B:请你想象一下,“春色满园关不住”描写了一幅怎样的景象?

请用怀特海“自由与纪律”的理论,对这两道题目的命题质量进行评析。

我的预习题,除了最后一题要求论述外,其余的九道题只是简答题,只对概念本身进行分析、讨论,检验的仅是归纳、概括、记忆能力,而新教育网络师范学院讲师的预习题全部是论述题,着眼于知识在现实中的运用,知识不是作为被识记的对象,而是作为“工具”去解决实际问题,检验的是一个人的智慧(如何运用知识)。

如果用认知规律中“自由与纪律”的观点来分析,对文章预习梳理,归纳批注,剖析内涵,力求知识的精确,这是纪律阶段的学习。这一过程也是非常重要的,如果缺乏了这一剖析过程,最后学到的可能只是几个抽象的名词和概念。

经过纪律阶段后,还应该上升到自由阶段,把知识作为工具来解决问题。

运用知识既是求知的目的,也是求知的手段。只有一次次实践,知识才逐渐清晰、牢靠,成为解决问题的专业武器。要学游泳,只有一次次下水训练,否则,即使你把游泳的方法和技巧背得再滚瓜烂熟,也无济于事。

怀特海说:“儿童应该使这些思想概念变成自己的概念,应该理解如何将它们应用于现实生活中。儿童从一开始接受教育起,就应该体验发现的乐趣。他必须发现,一般的概念能理解他一生中遇到的、构成他生活的种种事件。”

新教育网络师范学院的讨论是建立在非常充分的预习基础上,也就是说在正式讨论前,会默认老师们已经经过了纪律阶段的精确学习,所以讲师直接用问题来发问,引起深思,以此来检验、加深对认知规律的理解,纠正各种误解。

当然，我之所以不能从实际问题发问，另外的一个原因是，自己缺乏浪漫阶段大量问题的刺激。由于现在脱离教学一线，所以遭遇不到真问题，这就容易造成为学习而学习，思维犹如脱粒机，虽然皮带穿梭，声响轰鸣，但里边没有一颗稻谷，收获的只是貌似深刻的理论，而不解决任何问题。

对照“自由与纪律”认知规律，终于发现了问题的症结：只有精确阶段的学习，而缺乏浪漫阶段遭遇问题的困惑、好奇和综合阶段对知识的运用。

理想的学习模式是：实际中遭遇了大量教育教学问题，然后带着问题深研“自由与纪律”这一观点，领悟“浪漫——精确——综合”三阶段的精髓，然后将其一次次运用到实际问题中，在运用中加深理解，在理解中使“工具”更加得心应手。

由此想到，很多老师遭遇了大量问题，也带着问题看了许多书，为什么不能化知识为智慧，提高解决问题的专业能力呢？一方面，精确阶段的学习不够深入、耐心、细心，没有领悟精髓，方向错误，南辕北辙；另一方面，没有将所学知识运用到实际问题中，而只是记了几个貌似深刻的词语或在理论范围内自圆其说。结果，理论仍旧在笔记本上，问题依旧在教育教学中。

三

如果说《教育的目的》讨论缺憾的是只有纪律阶段而没有自由阶段，那么，在10 月 7 日另外的一堂“文本解读与设计”课上，新教育网络师范学院讲师在解读诗歌时，却再三强调要遵循纪律，回到文本本身，遵循诗歌自身逻辑，用证据说话，而不要主观想当然。

“文本解读与设计”课分析的是苏轼的诗歌《和子由渑池怀旧》：

人生到处知何似，应似飞鸿踏雪泥。
泥上偶然留指爪，鸿飞那复计东西。
老僧已死成新塔，坏壁无由见旧题。
往日崎岖还记否，路长人困蹇驴嘶。

因为是和诗，所以要准确理解它，首先要理解引发这首诗歌的另外一首苏辙的《怀渑池寄子瞻兄》：

相携话别郑原上，共道长途怕雪泥。
归骑还寻大梁陌，行人已度古崤西。
曾为县吏民知否？旧宿僧房壁共题。
遥想独游佳味少，无方骓马但鸣嘶。

课堂讨论中，学员们首先对“骓马”的理解出现了争议，有学员认为，“骓马”出自典故“乌骓”，是西楚霸王的坐骑，在此暗喻苏辙自己和哥哥苏轼都是非常有才能、能够为帝王出力的人。针对这一认识，新教育网络师范学院讲师严格从纪律出发，认为除非有确切证据，否则，此处的“骓马”只能理解为就是一种马，而不是典故，也和项羽没有多少关系。

随后，又有老师提出，“雪泥”似乎有深意，是不是一语双关，既指道路也指人生？如果没有深意，为什么和诗中要专门写呢？

讲师依然从诗歌出发找证据，他联系诗歌创作背景，说：“这两首诗歌，是兄弟之间唱和，不是写出来给别人看的。所以，他们用到“雪泥”等，都是自己原来的生活语境。两人上次经过渑池，因有雪，马腿受伤，后死，不得不骑驴。所以对雪泥印象很深。”

为了避免学员解读时脱离诗歌自身逻辑，讲师再一次提醒：“若有深意，要有证据。希望大家无偏见地读诗，没有的，不要强加。”

讲师不仅注重从创作背景找证据，更注重从诗歌本身中找到答案，即让诗歌自证。

在分析“无方骓马但鸣嘶”这一句中的主角是谁，是苏轼还是苏辙时。老师们意见不一，有的认为是苏轼，有的认为是苏辙。

讲师认为，理解为苏辙更为恰当（当然，不排除苏轼的可能），他说：“‘座下的马，也仿佛失去了方向，不住哀鸣’，这与‘还寻大梁陌’相照应。”

有老师提问，苏轼的诗歌中，为什么是“飞鸿”而不是麻雀？讲师解答道：“如果是麻雀，诗歌就应该为‘应似麻雀卧雪泥’，而且飞鸿是有理想有追求的鸟儿。”虽然这样的解答也是从诗歌内部出发，但另一位讲师不甚满意，他在课后的讨论中补充道：“飞鸿与诗人在当时有命运的相似性。候鸟，过客，漂泊者。人生是一次旅途，一次到处留下‘痕迹’的旅途。”

这样一解释，大家恍然大悟。

四

理解一首诗，需要严格遵循诗歌本身逻辑，而要准确理解苏轼的这首诗歌，离开背景没法讲，离开苏辙的诗歌也没法讲，必须将其与苏辙的诗歌放在一个整体内。

苏辙的诗歌主要表达了对兄长苏轼在路途上坎坷跋涉的担忧和思念。从常理出发，身在路途的苏轼在和诗中应该表达对弟弟的安慰，以免其牵挂担心，但苏轼毕竟是苏轼，他并没有仅仅停留在私人情感上，从当下的境况写起，而是凌空飞起一笔,从私人兄弟之间具体的悲欢离合进入到普遍人生处境的感叹:“人生到处知何似,应似飞鸿踏雪泥。泥上偶然留指爪,鸿飞那复计东西。”

前四句议论非常精妙,已经将精华写尽,后四句如何承接转折?

因为诗歌是由苏辙的诗生发而来,毕竟需要落实,所以议论完毕,紧接着回到实处:“老僧已死成新塔,坏壁无由见旧题。往日崎岖还记否,路长人困蹇驴嘶。”

讲师紧承前四句的议论,作了非常精妙的阐发:老僧已死,“飞鸿”不在,但“指爪”(“新塔”)还在;我们还在路上(“飞鸿”在天),但曾经的“旧题”(“指爪”)已“无由见”了。

为什么在对弟弟作了一番安慰之后,最后要引起他回忆往昔崎岖经历?

其实,这仍然要和苏辙的原诗结合起来理解。因为苏辙的诗歌表达了兄弟之情,所以苏轼的诗歌最后通过探老僧,寻旧题,话崎岖,忆蹇驴,一起怀旧,表达对共同经历的念念不忘,对兄弟情谊的深刻珍惜。东坡等于在解脱了之后,又把自己系缚上了。

在进行了严格遵守纪律的解读之后,新教育网络师范学院讲师依旧紧密依据诗歌本身,就苏轼的“无情”与“有情”分别作了精妙的阐发,从精确阶段(纪律)上升综合阶段(自由)。

经过这样的精妙分析,我们除了领悟到诗歌呈现的艺术世界,也理解了这一世界与诗人人格之间的关系,感受到了伟大诗人的性格张力!相对于常见的诗歌赏析中存在的脱离诗歌想当然的生发,如此严密的、遵守诗歌纪律的“解剖”课,令大家耳目一新,回味无穷。但如果仅仅是停留在纪律层次,那么浑然一体的诗歌将会被解剖为枯燥的记叙文。

精确阶段(纪律)的精析是为综合阶段(自由)打基础,作铺垫。当有了对诗歌准确的理解之后,我们再次来整体关照、吟诵诗歌,此时,和最初的浪漫感知相比,领悟到的不仅是诗人内心情感复杂、细腻和百转千折,还能体会到诗人的独特人格世界。

五

教育学经典课程,注重了“纪律”,课堂效果不佳。文本解读与设计课程,强调了“纪律”,课堂别开生面。怀特海提出的“自由与纪律”这一认知规律,深刻地揭示了如何让知识要“活”起来、让知识转化为智慧的真谛。

如果真正透彻领悟这一认知规律,那么,对人生、职业、课堂、管理,乃至分析一首诗歌,都有极大启发!

第三章

管理的关键在于唤醒

对一所学校或一个班级而言，强调以外在控制为目的的纪律、监督、执行等，是必要的，但这样仅仅能建立一所合格的学校或一个班级。要建立一所卓越的学校，就要从教职员工（学生）的内在动力入手，从人与团队的利益入手，通过“共读共写共同生活”，唤醒人的生命潜能，构建一个拥有共同愿景、使命、价值观的学习型共同体。就课堂而言，管理不单单是外在的训诫与惩罚，在教学中恰如其分地运用游戏与奖励，是更好的管理方法，而最高境界的管理是唤醒知识内在的魅力，用知识本身牢牢吸引住学生的注意力。

16. 对　话

中午看书，QQ 闪烁，一位老师询问：

我儿子上初三，学习不错，喜欢读书，可是我不知道现在给他推荐什么书看，请你给推荐几本，好吗？

我回答：

推荐书目要有几个前提：(1)了解孩子当下遭遇的“问题”；(2)过去阅读状况；(3)父母培养方向。因为无法了解这些情况，所以我难以推荐。

个人不成熟意见：青少年阶段，仍属于阅读浪漫期，小说、故事、诗歌等应该有丰富的积淀，如金庸的武侠小说、泰戈尔的诗歌等，如果这些方面积累得不错，可以适当推荐一些哲学入门书籍，如《哲学的邀请》《苏菲的世界》。

类似的希望推荐书目(电影)的问题经常遇到，但我一般都婉言回绝，不是故意卖关子，而是确实难以为之。我认为，选择书目是简单的，困难的是如何确定一个孩子的阅读路径。书籍犹如营养餐，阅读关键是看如何搭配营养、确定食谱。食谱确定了，菜谱是简单的。而更难的是如何让这些书籍化为滋养生命的养料，而不仅仅是“过目”。

常见的思维是：阅读的问题关键是要找到适合中学生阅读的书，只要找到适宜中学生阅读的书，就善莫大焉。这样的思维太宽泛，什么是“适合”？文学、历史、哲学、科普等种类繁多，书籍更是浩如烟海，每一种类都有大量适合中学生阅读的书，如果不加以规划、选择，会造成“营养”不均衡，还浪费了学生的宝贵时间。

而我今天谈的不是书目选择的问题，而是由此引发的关于对话的思考。

不同的思维引发不同的观点和看法。在对话中，表面是语言在交锋，而实质是双方不同的思维在碰撞。

许多人在对话中振振有词、据理力争时，往往会忽视语言背后所依据的那个“理”很可能并不是真理所在，只不过是一种“思维假定”。许多对话最后演变为火药味十足的争吵，就是双方都没有真正质疑和反思过自己内心深处那些“思维假定”。如果“思维假定”是错的，那么你越努力效果越糟糕。比如以罚抄写课文多少次的方式来“教训”不写作业的学生，貌似解决了问题，实则带来了更大的问题。

二

有许多新上岗的实习老师经常问：“课堂秩序混乱，我如何才能管住学生？”

其实，老师的这个“问话”就是问题的根源。

当极个别的学生扰乱课堂秩序和偶发性的课堂秩序混乱时，是需要老师举起“管理神剑”的。但如果是大面积地、常态地在课堂上出现纪律问题，那么，原因不在学生，而是在老师身上。学生之所以不守纪律，主要是因老师的课没有魅力，不足以吸引学生。课堂秩序，主要在“理”，而不是“管”，课堂生动丰富了，学生的注意力自然会被吸引到知识的周围，这样就不会出现秩序混乱的问题。如果课堂枯燥乏味，学生莫名其妙，天性好动的小孩子当然会“不安分”。如果是高中生、大学生遇到这种情况，他倒是不会捣乱秩序，而是以另一种方式来应对——睡觉。再进一步说，课堂适当地“失序”恰恰是学生思维自由的表现，如果人人如机器人一样笔直、端坐，反而会影响思维的灵活性，因为学生的思维焦点都集中在身体上了：身体是不是坐直，举手是不是 90 度等。最佳的课堂效果应该是活跃但不混乱，严肃但不僵化。课堂纪律是手段，不是目的，如果仅仅是把纪律管好，而没有把学生吸引到知识上来，这样的纪律有何意义？

把课堂秩序定位在“管”，这种观点背后的“思维假定”是：课堂纪律不好，问题出在学生上面，老师是没有问题的；学生之所以调皮，是因为老师没有找到行之有效的治理策略，如果找到这个妙招，课堂秩序就变好了；课堂上只有先把学生管住，才能上出好课。

前一种思维导致的结果是反思自己，提高课堂质量；后一种思维导致的结果是不断寻找治理的妙招：调座位、罚站、请家长、回家反省等，方法不一而足，但你会发现，越治理，新问题越多。为什么？原因在于老师一开始的“思维假定”就是错误的。

如果一开始的“思维假定”就是错误的，那么，即使你如何为之绞尽脑汁，结果只是“摁下葫芦浮起瓢”，正如一条河如果源头就被污染了，那么下游再怎么努力治理，问题也难以根除，可能还会延伸出更多的新问题。

我们往往认识不到思维自身就是问题之源。春秋战国，天下大乱，诸子百家纷纷提出自己的“救市”方案：儒家认为是礼崩乐坏，人心出了问题，主张克己复礼，回归周礼；而法家认为是制度出了问题，主张“改制”；而道家认为，天下根本就不需要救，天下大乱，就是因为有人要治，有治就有乱，越治越乱。

思维总是以自己的方式在不断制造问题，然后再去寻找解决的办法，但当它试图解决问题时，却把事情弄得更糟。法家是“救市”方案中最有效的，但也是问题最多的。

进一步细察，你会发现，很多时候我们都是在一定的“思维假定”下固执己见，努力说服对方，而全然不省察自己的“思维假定”是否站得住脚。

一位网络名人在微博上发“每日一呼”：呼吁取消小学生学英语，增加国学课，救救汉语。其语言背后的“思维假定”是现在小学阶段国学分量少，是由于英语内容多造成的，国人缺乏仁义廉耻和国学知识缺乏有关系，小学生学英语不是学术问题，而是利益问题等。但如果从遵从教育规律这一“思维假定”来看，其立论是站不住脚的，学习语言的最佳期正是儿童、青少年期，错过这个时期，人的语言能力在逐步退化，有许多成年人一辈子都难以学会标准普通话就是这个原因。

二

真正的对话就是让交谈各方都意识到自己的“思维假定”，从而搁置己见，谦虚反省，坦率交流，最终朝向真理。

苏格拉底“助产婆式”谈话法魅力正在于此。苏格拉底并不会明确告你应该怎样，不应该怎样，而是针对你的认识，层层追问，使你陷入矛盾，认识到自己“思维假定”的错误，然后将自己内部已有的知识引导出来。

不是所有的交流都是对话。有的是闲聊，东扯西拉，海阔天空，没有目的，也没有任何结果；有的是争辩，固执地认为真理在握，辩论的目的主要在于占取上风，驳倒对方，证明自己是对的，而对方是错的；有的是协商，不管谁对谁错，不管真理是什么，大家都相互妥协、退让一点，达成双方满意的结果。

对话的本质在于关心真理是什么，不在乎谁输谁赢，也不在乎一定要达成被大家统一认可的结果，所追求的是平等、自由、公正地交流和沟通。每个交谈者都能开诚布公、坦诚相待，说出内心深处最真实的想法，然后让各种观点碰撞、交锋、交融，让真理脱颖而出。

三

若干年前我在高中教书时，一次教研会，集体讨论一位学识渊博的长者的语文课。校长也是语文老师，发言时首先称赞了老教师的几处优点，然后委婉而中肯地指出其“落实不到位”等问题。老教师的脸霎时就红了，在校长发言完毕后，立刻尖锐地回击了校长的言论，为自己的课堂辩解，校长也毫不客气地反驳……

教研会最终不欢而散。

为什么会出现这样的情况呢?

首先,双方把自己的观点和自身等同起来。戴维·波姆说:"当你把自己与自己的看法、意见或观念视为一体时,别人所质疑的本来只是你的意见,但你却觉得别人似乎是在质疑你本人,所以你要奋起为自己辩护……但事实上,所谓你的意见和看法,其实不过是你的思维假定,仅仅出自于你自身的经历而已。你通过或老师、或父母、或读书、或者其他的途径形成了它们。然后再出于各种各样的原因你把它们与自己视为一体,并因此而为它们争辩。"

其次,顾及到了"面子",忽略了真理。在国人的惯常思维里,应该"扬善于公庭,规过于私室",在公开场合否定别人的课堂就等于是和这个人过不去,在这种偏见下,自然会由"说事"发展到"责人"。

四

真正的对话,倡导言谈的平等与自由。这种平等是指参与者的地位是平等的,不能出现人微言轻的现象。自由是指在通往真理的道路上是自由的,人人皆可随时"出发",但自由绝不等于随意。无条件地强调发言自由,只会导致混乱无序,其实质是人人固执己见、自说自话。所以,高质量对话的前提是聆听。

在新教育网络师范学院成立之初的几次讨论中,大家发言热烈,全然不聆听、反思有价值的观点。在教育学课程中,大部分谈的都是自己如何认识,而忽略了文本,忽略了苏霍姆林斯基如何认识,不是"我注六经",而是"六经注我",甚至有的老师发言仅仅是为了留下发言记录或表现自己。

许多貌似探讨真理的学术讨论往往言而无果,就是因为不同的发言者背后所持有的"思维假定"不同。本来"思维假定"不同正是对话的价值和意义之处,否则,人人都是同样的思维,也就没有对话的必要了。理想的对话效果是各方都搁置己见,让每个人的"思维假定"充分暴露出来并深思其合理性,最后达到反省自己、朝向真理的效果。但如果在讨论中,大多数人缺乏认真聆听的态度,只是固守在自己的思维堡垒中,只想一味地劝告、说服别人,那么,这样的讨论表面热热闹闹,实则并没有思想的启发和思维的深度,言谈者也只是表达了自己的看法和意见,而自身认识并没有多少提升。

控制欲、表现欲和利益都是影响真正对话的因素。在酒席或一些社交活动中,之所以不能产生真正的对话,就是因为往往有人有很强的控制欲和表现欲,高声喧哗,侃侃而谈,意图控制场面,突出自己,最终,参与者都只是在词语中喧嚣。

在新教育网络师范学院讨论中,最好的方式是:不懂就问,不必考虑问题是否简单、幼稚,遭人嘲笑;但也不要不懂装懂,故弄玄虚;在不明白的地方,不妨认真聆听,多听一听其他先行者和讲师的分析,对话不是仅仅表现在语言参与上,重要的是思维的参与。

五

如果明白了对话的真谛,一个人也可以经常和自己对话。

通过不断和自己对话,倾听灵魂深处的声音:此生意义何在?我想成为怎样的人?我是谁,该是一个怎样的人?

通过和自己对话,发现自己,接受自己,改变自己,最终成为自己。

而更多的情况是,通过和自己对话,省察思维跳动的脉搏,反思自己的"思维假定",正视自己的优缺点。

当接触一本难啃的经典书或文章,当硬着头皮读出一片茫然时,大多数人往往会条件反射地想到放弃,其背后的"思维假定"一一出现:"我读不懂理论书""啃读这样的书无用""难以读下去,一读就瞌睡""读了一次,依然云里来雾里去,莫名其妙"……

但如果认真地和自己进行一番对话,会逐一发现这些"思维假定"的局限之处。

先看第一点,"我读不懂理论书"。为什么我读不懂?我自己下了多大功夫?我是用知性阅读方法来阅读的吗?如果那些智力超群的人用消遣性的阅读方法,能读懂吗?

经过这样的对话,会明白,之所以读不懂,和阅读方法有很大关系。阅读经典书贵在字斟句酌,"敲骨吸髓",细致批注,反复阅读。

再看第二点,"啃读这样的书无用"。是读不懂不会用还是读懂了无用处?既然是经典,必定是经过时间检验的前人的思想与智慧,肯定不是书有问题,而是自己的思维有问题,这是潜意识中"畏难心理"在为自己找退缩的借口。

第三点,"难以读下去,一读就瞌睡"。我是因为读书就瞌睡还是因为读不懂而瞌睡?为什么读小说就不瞌睡呢?如果是因为后者,那么应该寻找一些通俗的导读文章或向其他高人请教,而不是轻率放弃。

第四点,"读了一次,依然云里来雾里去,莫名其妙"。是自己愚笨还是功力不够?如果再坚持啃读几次,效果会如何?读书的时间选择得合适吗?读书过程全身心投入了吗?是选择精力充沛的时候阅读,还是一天中劳累时阅读?

经过类似这样的自我对话,最大可能性地避免行动被自己的思维束缚,从而能够比较理性地面对生活。

六

想到此，不由憧憬这样的场景：

处一静谧、优雅、舒适之所，竹椅石桌，一杯清茶，三五人围坐，不设定任何目的，不解决任何具体问题，只是围绕一些心理学、教育学、哲学等话题清谈，让灵魂安静，让思绪流淌，哪怕只是一人朗读，其他人静静倾听，倾听古今哲人之顿悟，感悟宇宙万物之神奇，尽享景之优美，思之玄妙……

17. 执行力

一

当决策者下达任务后，执行者就要想方设法去完成，至于如何完成那是执行者的问题，决策者要的是结果，不是完不成的理由。要想取得成就，必须具备这种坚决的执行力。否则，你就要旗帜鲜明地说："我认为这是不对的，所以我不能接受这个任务。"一个团队的战斗力和创造力，就取决于这种人在人群中有多大的比例。

二

执行力很重要，这个道理也不难懂，为什么许多人就做不到呢？

有的人是因为责任心不强，没有认真领会、理解领导的意图和安排的任务，如领导是在一个随便的场合因突然想起而布置了某个重要任务，但下属由于没有及时引起重视并领会，导致工作延误。要知道，场合可能随便，但说的话不一定随便。

有的人是因为思维僵化，做事缺乏灵活性，不知灵活变通，一旦现实发生变化，就束手无策。如我们布置在教室出黑板报宣传"每月一事"，但有的教室后墙没有黑板，个别老师就落实不了，而完全不知道用白纸也可以代替。这属于刻舟求剑型，外部条件已经发生变化，还死守教条。

有的人是工作表面化、形式化，压根就没有准备落实，只想着如何应付差事。这种类型的人往往是所谓的"聪明者"，精于计算，善于要小聪明，总想用最小的成本、最快的时间获取最大的利益。不愿意下功夫，不愿意动脑筋，往往在领导面前夸夸其谈，而背后却无动于衷。利己之事，竭心尽力，对和自己利益无关的事，马马虎虎，应付了事。

有的人是总想着省劲，不愿意多投入，工作出现困难，在自己还没有尽力琢磨时，动辄就请教别人，或者请别人代劳。很多时候，自己琢磨很快就做完的事，却消耗大量时间去询问人。对熟悉之事，可能做得好，但一旦接受新任务，面对新情况，就不愿意下功夫、费力气。比如我们曾提出一个口号“有问题，找百度”，教育教学中的很多问题，有许多都能在百度上解决。但一些人不愿意自己探索，要么以不会推脱，要么花费时间询问别人。什么时候可以咨询呢？应该是在自己想方设法还解决不了的情况下，才可以向别人请教，而不是动辄就问，白白浪费许多时间。别人只能帮你几次，但不能次次都帮你，何况很多时候，是没有别人可以帮忙的，需要自己独自探索。

有的人做事质量差，满足于“做完”，而不是“做好”。工作粗枝大叶，不精细，三分钟热度，虎头蛇尾。表面看有点模样，但仔细推敲，漏洞百出。

三

执行力和人的共同本性有关系，人的本性中皆有惰性，好逸恶劳，自我辩护。所以，在困难的问题上，不愿意下功夫，总希望省事、省时、省劲，而要想把一件事真正做好，是和个人投入多少成正比例的。

执行力说到底和一个人的认识高度和为人品质有很大关系。

一般情况，大部分执行者往往囿于小环境的局限而看不到大局，所以容易计算成本，考虑过程，以自己为出发点来判断某件事的意义。而决策者胸怀全局，主要考虑事情的意义和对大局的影响，往往是从全局考虑问题，所以，更注重结果。这就是认识高度问题。

而更多的情况是为人品质的问题，许诺的就要兑现，答应的就要办到。而现在社会的不良风气是，习惯表面文章，说大话、空话、漂亮话，言而无信。缺乏自省意识，有了问题往往是把自己排除在外，习惯于从客观找理由，把过错归结于外界或他人，而回避自身主观的问题，不说自己的主要问题。

在任何一个团队中，都有决策者和执行者之分。作为一个执行者，首先应该认识到在具体的某项工作中，决策者要的是结果而不是落实不了的理由。决策者宏观统筹，执行者实际落实，决策者“动嘴”，执行者“动腿”。所以，客观上后者本身就比前者难。

四

一项工作得不到落实，有很多原因，如有的任务超出了自己的能力范围，或者说要落实的任务是不符合实际的。对这样的工作，即使你如何努力，也是达不到的，这种工作不能落实，责任不在执行者，而在领导决策失误或者是实际情况发生了变化。还有的是一个团队中分工不明，职责不清造成的。

但我们说执行力不强，不是谈这个方面，而是分析本来通过努力是可以做好的，但由于主观的不负责任，懒于动脑、动手而没有落实到位，造成了工作的损失。不动脑，不想费力气，那就完成不了任务，但如果多去想想办法，不怕吃苦，不怕麻烦，工作就能完成。

很多工作，执行者积极与否，对工作能否落实有很大影响。有两句话说，“只要思想不滑坡，办法总比困难多”“有条件要上，没有条件，创造条件也要上”。这些都是强调人的主观能动性在做事中的重要性。

五

当然，强调执行力不等于无条件、无原则地盲从。

在决策可能有误时，下属也应该把实际情况反馈给决策者。

但当你连起码的事情都不能坚持做好时，你的参考意见和对任务的质疑也是没有分量的。

人总得先适应环境，才可能改造环境。如何融入新的环境呢？

先提高自己的执行力，做一个像《把信送给加西亚》中罗文式的人吧！

18. 道似无晴却有晴

细雨绵绵的夏日午后，适合酣眠，适合静读，适合发呆。

雨后的空气清凉、明净，周末的校园静谧、清雅。

独坐桌前，泡一杯清茶，打开电脑，任思绪纷涌……

安静的办公室，唯闻键盘敲击的声音。

一朵花的绽放之日，就是凋谢之始。一个团队，在创生之初，虽然不完善，但焕发勃勃生机、活力，然而一旦体系完备，系统圆融，大家只需要依循惯例和制度来做事，不需要创造时，也就蕴含着衰落的危机。我们的团队正面临此种状况，框架已经建立，内容已经熟悉，问题似乎没有。但如何让团队充满生机，让每个生命豁亮绽放，是需要深思的。

其实，我们需要不断回到源头梳理出发时的愿景、走过的路，方不至于因为走得太远，而忘记了当初为什么要出发；需要不断与自己对话，与他人对话，方坚定信念，凝聚共识，明白我们困在何处，将去往何方。

团队如此，个人成长、民族发展也不例外。

共读，共写，正是梳理叙事、对话交流的一种有效方式。

为此，我拟定选择若干主题，围绕团队、成长、阅读、生活等主题写一系列文章，每周一篇，记录点滴思考，交流内心体会，创建属于我们的团队文化，也为生命留下点点痕迹。

今天，想漫谈团队管理中的制度。

一

编辑《简报》不是一项轻松的差事。

从主编来说，每期文字编辑、修改、校对，每一项都来不得半点马虎。做好了，不一定有表扬，但做不好，一定会有批评。然而，这还不是最困扰的，最困扰的是每次的催稿：不催，稿件总不能全部按时交稿，“巧妇难为无米之炊”；催得多了，又碍于情面，不好意思（毕竟，面对的都是同事）。作为曾经的校报、简报主编，我深知其中甘苦。

从战友们来说，也不容易。本来日常工作就繁忙，每日早报，周末抽查，每月通报，特别是周末过节，电话不断，短信纷飞，听课、通报、录像等事务烦琐，还要加上一个《简报》。好像这是主编的事，现在还要平摊到自己头上，不认真写，每期都催，认真写了，还不一定采用。

换位思考，如有微词，也可理解。然而，让我感动的是，我至今没有听到有人埋怨，大家都在通力合作，努力把我们的《简报》办好。

然而，不抱怨不等于不存在问题。《简报》编辑当前存在的主要问题是制度缺失。

每期《简报》何时提交(不应每次临时通知)；何时出刊(不应任意推延)；每个栏目的具体标准是什么；如果稿件不采用，如何反馈；字体是什么；行距、页边距是多少；名称、格式有什么规范……这些都需要一个清晰完备的制度。

有一种观点认为：彼此私人关系很好，事情也不复杂，碍于情面，不想动用规则。我认为，以规则办事，貌似无情却有情，正因为彼此关系好，才需要制度、规则，亲兄弟还需明算账。一个成熟的团队，成员间既要有深厚、坦诚的情谊，也要有明晰、严格的制度，二者不仅不矛盾，而且相辅相成，因为制度明晰，所以关系才融洽；因为关系融洽，制度才畅通。

每次编稿遇到的大大小小的困惑，并引发一些小误会，核心就是因为缺乏相关清晰的制度

二

当工作出现问题时，管理者往往有两种反映：一种是抱怨、指责相关人，埋怨人的素质、觉悟；一种是从制度层面思考，这是个例还是共性的问题？如果是共性问题，那么，有没有相关制度？制度是不是完善？类似问题如何避免？人的素质总有差异，有抱怨也是人之常情，但作为管理者，没有谁是像圣人或天使一样在工作，所以需要从职业化角度思考：问题的根源是什么？如何改进、如何处理。

由编辑《简报》进而联想到我们的相关管理，如请假、听课、通报等日常工作，也都需要有清晰的制度。很多时候，许多误会、争执、失误，都是因为制度缺失，或者不完善造成的。比如，编辑《简报》，就是缺乏相关清晰的制度；有个别学生在请假中撒谎，与制度不完善有关系，如果我们在制度中规定“指导老师要和校长电话核实后，方准许学生请假”，就会减少漏洞了。

三

有章可依，不等于万事大吉。

许多工作做不好，不是没有制度，而是因为制度有名无实，只是挂在墙上，写在纸上，说在嘴上，就是没有落到行动上。人们办事依照的不是写在明处的制度，而是口头不言但心知肚明的潜规则。

为什么有的制度成了中看不中用的“稻草人”？

有几种可能性：制定制度的人不执行；制度没有经过全体成员的讨论、表决，没有取得大家的认可，只是少数人意志的体现；违反制度者不承担相应责任；制度不切实际；制度宣传不到位，有的人不知道，还有的人理解有误……

比如，要出台《简报》编辑制度，就需要经过讨论、修改、表决三阶段，然后才可以执行，而不是草率地发布一份未经大家讨论的制度。

第一阶段：主编起草一份初稿，发给每个人，规定时间，征求意见，即使没建议，也要注明“没有”。

第二阶段：主编根据收集回的意见，开会逐条讨论，完善内容，形成定稿。

第三阶段：全体成员表决，通过定稿。

这时，制度方可执行，这就是民主管理。制度不是管理者或少数人的意志，而是全体成员的共识。只有赋予个体以表达、选择的自由，才有责任的担当。只有经过全体成员表决通过的制度，才有适用于每个成员的强制性——制度不完善，可以修改，但违反制度了，就要依章办事。

四

然而，再完美的制度，也需要人来执行。制度是必须的，但不是万能的。团队管理更不可能是出台制度就一劳永逸。

人，才是一切的核心与关键。

观念，是决定人行为的核心因素。

好逸恶劳，避重就轻是人的本能。在报酬不变的情况下，为什么不选择轻松而要选择压力？为什么不让他人做而让我做？为什么辛辛苦苦做了可能还要被批评？为什么保证日常工作不出事还不够？

因为，我们还有另外的标准。

我们，因何而汇聚，因何而彼此认同，因何而做这些大大小小的事？

你可以说，因支教工作而相聚，为完成任务、交代领导、领取工资而汇聚、工作。这样认识是对的，但这不是放之四海而皆准的标准答案。起码，这个世界上，那些在不同领域取得成功的优秀者不是这样思考的。

你可能会说，我只愿做一个普通人，不愿意做优秀者。是的，这是你的自由，但你一定不愿意被他人当作工具，不愿意把自由放逐，不愿意把幸福放弃，更不愿意丢弃尊严。因为获得尊严、自由，得到别人的认可，追求自我实现，是人更本质的属性。

因缘世界是偶然的，客观世界总不是完美的。但人的自由与尊严，体现于偶然中刻塑出必然，于不完美中追求完美。

仅仅依照制度而行事，人是被动的、消极的，是不自由的。一个团队，如果仅仅依照冷冰冰的制度来规定一切，也是没有生机和创造力的。制度只是底线，而要朝向无限的空间，要保持团队和个体的充沛活力，要使个体在工作中享有自由和幸福，还需要达成共同的愿景、使命与价值观。

我希望我们的团队能逐渐形成这样的价值观：

工作不是外在于自我纯粹消耗生命的苦差事，而是修炼生命、成长自我的契机。

每个人不是他人的工具，每个生命都有独特的价值，都有巨大的潜力。

学习是内在于我们自然而然的生活方式，读书是最佳的休闲手段。

讨论问题，对事不对人。不怀疑彼此的动机与人格。守信，不食言。承诺的事情坚决做到。守土有责，主动认真履行职责，不推卸责任。

团队不是冷冰冰的旅舍，而是我们彼此栖居的家园。我们通过共读、共写、共同生活编织生活。

团队是一锅“石头汤”，需要每个人贡献自己的聪明才智，才能熬出鲜美的“汤汁”。

工作是短暂的，但友谊是永恒的。让暂时的战友成为一生的挚友。

团队管理者只是行政上的领导，但不必然是真理的代言人，成员可以随时对其观点质疑、提问。团队内人人平等，我们遵从真理，而不迷信权威(领导)。

五

团队也是一个社会，是社会就会有人际间的摩擦，这是正常的，但成熟的团队，会对每次的摩擦进行反思，化危机为契机，让问题显现，观点清晰，共识凝聚。其实，彼此正是在不断的碰撞中相互了解、走近的。

从更深层次来说，打造一个成熟的团队，完成好当下的工作，也不是最终目的所在。生命只是一个旅程，工作只是一个驿站，我们都是在海滩上玩一个用沙子堆筑城堡的游戏，无论捏塑得如何逼真、精美，都会被时间的海水冲刷干净。

我更在意的是在堆筑的过程中，你我的生命得到怎样的启发、豁亮、成长，毕竟，我们都还年青！

至于，您未来走向哪里，那就不属于我思考的了！

此刻的窗外雨已经停了。

东边日出西边雨，道似无晴却有晴！

19. 跑好第一棒

一

如果把我们的实习支教工作比作一场接力赛，我们其实就是那跑第一棒的运动员。

接力赛跑时，分配好各棒队员顺序非常重要。一般第一棒应安排起跑好并善于跑弯道的运动员，而把全队 100 米成绩好、冲刺能力强的运动员放在第四棒。

跑第一棒的任务就决定了我们的工作是基础性质的，就不是冲刺撞线面对鲜花、欢呼的，就决定了我们起跑必须好，即通常所说的不能输在起跑线上。

二

昨天，从番阳学校出发到到水满学校，然后到南圣学校，然后到毛阳学校、番阳学校，整整 150 公里，一天下来，疲倦至极，九点就休息了。早晨一觉醒来，将近八点，第一次没有被校园那“优美但令我痛苦的歌声”吵醒，中午还和老师们说早晨睡得沉呢，米锴说周五就不放歌曲了，但身体状态不好却是现实。一上午，看了大家的十月总结，想写信，但精力不济，中午想好好睡一觉，然而梦中还在想着这件事，索性起来到电脑前，敲起这些文字。看见一段文字，颇有感触：“仔细观察那些效率不高的人，常常是将工作与休息混淆起来的人。这种混淆很微妙，你会发现有些人在工作的时候，注意力不集中或无法集中，在休息的时候，心里又念念不忘工作，结果是，纵然终日忙忙碌碌，始终也做不出像样的工作，无论是数量还是品质。”这段话形容我一上午的状态很贴切。

三

十月远比九月总结要好多了，但显然还不是收获的季节，毕竟第一棒才跑了一半啊。

掩卷遐思，感慨万千，写什么呢？我越来越感觉到李振宇所说一句话的经典：

使人成熟的并不是岁月，而是阅历。

是的，真正使内心能够顿悟、成长的永远是自己的阅历，否则，即使我再写五封信、十封信，即使案头有十本苏霍姆林斯基的著作，即使是把苏霍姆林斯基请来又能怎么样？

即使现在的一切如何新鲜、如何感动、如何感慨、如何困惑，但终有一天，这一切终究会化为记忆中尘封的一页而已，只有内化为生命中养料的一部分，才会永远留下来，而这种养料，非经历，不会有；非穿越，不会悟。

所以，我欣喜地看到梦梦沉潜在教室里，用自己的辛苦和汗水，用自己的梦想和憧憬营造着书香教室，当孩子们看到贴到墙上的相片竟然能组成一个“心”形，看到自己的名字下面竟然又多了一朵小红花，那是何等的兴奋啊！

欣喜地看到培刚、振宇不再空有抱怨，而是把苏霍姆林斯基停留在纸上的文字融进了自己的思考中，让经典真正引领自己前行，这种前行不是没有困惑，只是会让我们变得比较从容。

欣喜地看到喜凤、米锴走下高高在上的讲台，蹲下身子和孩子们倾心交谈，当你发现作业本上那密密麻麻、歪歪扭扭的英文字母，听到从他们嘴里说出那么令你不可置信的话语时，一切概念、一切成见，都轰然倒塌。这时，你面前的不是什么黎苗学生，不是什么优生差生，而是一个个鲜活的生命，“一花一世界，一树一菩提”，他是幼小的，但他也是有感情的，他是幼稚的，但也是有判断的。在知识上，成人要比儿童多，但在生命的根本处，谁就能说成人一定比儿童优越呢？否则，也不会有那么多人怀念童年了。

欣喜地看到招瑞把一个一盘散沙、全校没人愿意带的班级一步步地收拢回来，而且还有模有样：旷课的少了，打架的少了。我想，将来招瑞可能会模糊这一个结果，但在这穿越过程中经历的财富是必然不会忘记的。

更让我欣喜的是看到孩子们在招瑞眼里不再是简单地贴上优生和差生的标签，不是优秀、良好、及格的划分，而是一个个鲜活的、独特的生命：“黄欣茹：文静可爱、不善于言辞、热爱学习、热爱劳动、认真善良、性格较急；黄佳楼：机灵善变、积极活泼、善于揣摩老师心理、习惯吃零食、上课爱走动、鬼点子较多、纪律较差。”这样的认识，改变的不仅是孩子的印象，而是我们对生命的认识啊。美无处不在，关键在于你是否有一双善于发现的眼睛。

欣喜地看到陈思思带领着孩子们一遍遍地朗诵《弟子规》。文化也是需要有根基的，文化也是有血脉的，失去文化传承的人必定是流浪的精神找不到家。谁说孩子们就一窍不通呢？不是有孩子就已经写在周记本上了吗？虽然，星星之火，还不能立刻燎原，但我们谁能否定原始社会第一个用钻木取火的人的价值呢？

欣喜地看到汉忠扎根于教室，为了多给孩子们辅导，费尽心思。“对于住校的学生来说，我可以利用中午的半小时和晚自习前的时间来给他们辅导，这时间有一个多小时;而对于不住校的学生来说,我可以利用早上的时间来给他们做辅导。八点钟开始早读。我可以在七点钟前就到教室,谁来了就给谁辅导。能抓一个是一个。也许刚开始的时候,来的人不会很多,但我每天都去得很早……”读到这里,何止是欣喜?更是感慨、感动。

为什么面对同样的时间、同样的工作,有的人感觉味同嚼蜡、干瘪枯燥,有的人有滋有味、如尝甘饴?那不取决于绿洲和沙漠,而取决于心灵的信念和追求。我曾在海南水草丰茂的小湖边看到枯死树木的躯干,但更在北方荒凉贫瘠的山坡上看到迎风怒放、红彤彤的山丹丹花。用汪国真的诗来说就是:心雨的时候,晴也是雨;心晴的时候,雨也是晴。

四

对于工作,哪些品质是最重要的?我想最重要的有两点:执行力和创造性。

执行力是指不折不扣地落实任务的能力。美西战争中,罗文接到麦金莱总统的任务:给加西亚将军送一封决定战争命运的信。他没有任何推诿,而是以其绝对的忠诚、责任感和创造奇迹的主动性完成了这件“不可能的任务”。

“把信送给加西亚”的核心精神就是像罗文一样,意志更加坚强、信念更加坚定、行动更加迅捷、精力更加集中的精神。作为组长和班主任就要独当一面,主动工作,主动开拓;作为一名教师要多些实干,少些空谈、抱怨,关注细节,精益求精。

布置的工作,既然接受,就要尽善尽美、竭尽全力地完成。不要在出了问题后,才找客观原因。负责排版打印,就要使你做出来的文档资料力求完美,不会出现低级错误;负责班主任工作就不要出现学生两天不到校,自己也不清楚哪儿去了的现象;负责会议记录和文字整理,就不要敷衍了事、草率交差。任何单位都不会喜欢投机取巧、逃避责任、寻找借口、敷衍了事的人,要知道成败往往取决于个人人格,敬业最终的受益者是自己。

创造性地开展工作就是做思考的脑,不当等命令的手,根据实际情况积极主动地开展工作。创造性地开展工作绝不是躺在被窝里挖空心思、苦思冥想,搞标新立异、一鸣惊人,而是根据自己班级和学生的实际,琢磨如何能够使工作更有效,如何能够更卓越,如何能够让学生更好地成长。

学生病了,虽然学校没有安排,但南圣学校的老师能主动到医院去看望学生;自己对教学产生了困惑,招瑞能主动邀请老师进行“诊断”;虽然学校没有多少教具,但刘喜凤自己动手制作;虽然课程没有要求,但陈思思给学生买了《弟子规》并带领学生共读;虽然学校没有安排,但王俊杰能主动寻找工作,从本来是最闲的人变成最忙的人。这些都是创造性地开展工作。

落实工作其实是最低要求,创造性工作方显自我价值。只有创造性地开展工作才能体现出我们的特色。什么时候，我们在校园里看到一个学生的行为举止能说，这肯定是某某班的，这就是特色；看到一个学生的作业本，会说这肯定是某某老师教的学生，这就是特色。要达到这一点，离开创造性的工作是不可能的。

下周，水满学校的老师开始布置教室文化装饰，这就是很好的一件事，我期待。

五

本周，期中考试告一段落，我想既要看重成绩，也不要太看重成绩。看重成绩，是因为毕竟能反映出教学中存在的问题，毕竟是体现自身价值的证明；之所以不看重成绩，除了大家知道的原因，毕竟考试成绩也不能反映出全部的问题，有时还会成为一种遮蔽。

而现实中最大的认识不足是：考不好，没有勇气直面自己的不足。不是学生的问题，就是试卷的问题，或者监考的问题、阅卷的问题等，唯独不敢直面最重要的因素——自己。可以这样说，考得好，不全是老师的原因，但考不好，老师绝对是主要原因。

遵循教育规律，潜下心来，相信有的种子是可以很快发芽的，如纪律、卫生、作业、两操、精讲多练等；也要承认有的种子是需要时间的，因为我们是跑第一棒的，最终结果还得等第四棒才能揭晓，我们能做的只是要开好头，不要输在起跑线上。

几周来，我再一次和大家共同读了《给教师的建议》，深深地感觉到，现在的教学实际存在两种错误不得不警惕：一是总希望教育教学成果立竿见影，药到病除，本来行之有效，符合教育规律的工作因为见效慢，不能、不敢坚持；二是把跳蚤当龙种，本来种的“石头”，自己还以为是种子，埋怨时间不够，以此来遮掩专业技术的不足。

教室里的很多问题仅仅从教室内解决是不够的。有效的措施不可能都是立竿见影的，往往很多立竿见影的对策恰恰背离了教育规律，比如说通过体罚来让孩子学习。但如果不重视教室里的因素，而归罪于外在的制度、家长的素质、孩子的基础等也是容易走火入魔的。

能够做的，短时间内有效果的有哪些呢？学生的课堂习惯，作业本的规范，教室文化的营造，卫生纪律的管理，加减乘除的训练，英文字母、汉语拼音的识记，精讲多练、当堂反馈，及时的表扬等，这些都是可以很快见效的。

哪些是需要现在种下种子，等到将来的岁月才可能发芽的呢？良好学习习惯和生活习惯的培养，不断的鼓励和激励，平等对待每一个孩子，多带领孩子阅读图书，耐心地辅导哪怕是你看来一窍不通的孩子，给孩子选择一些有趣的数学题，坚持让学生练字等。

苏霍姆林斯基认为，让孩子大量地读书才能激活思维；带领孩子去观察这个世界的联系，才能激发头脑中的兴趣和好奇心；经过一定量的阅读和书写，孩子才能思考题目，不至于把精力集中在题目中的文字本身上；课堂真正的魅力是探求知识的过程和寻找答案的快乐；学习的动力来自于不断激发孩子的自信心，不断让孩子尝到成功的快乐；学生的作业本是老师教育的一面镜子。

我想，学习苏霍姆林斯基起码能够让我们的心态平静一些，能够明白问题症结之所在，明白我们努力的路径是什么，明白我们播下的哪些是"龙种"，哪些是"跳蚤"。周四和水满学校老师进行了共读，回来的路上，兴贵发来了短信：谢谢郝老师，今天中午我们知道了如何共读才能真正从名著里获得知识。看了兴贵的短信，我有了一个想法：以后不论到哪所学校，都要和大家共读几章《给教师的建议》。

相信岁月，相信种子。

六

一滴水在沙漠中很快就会干涸、蒸发，只有融入大海中才能永恒，体现出自身价值。如果说我们每个支教的老师是一滴水，那么整个团队就是大海。不论个人的理由有多么充分，如果以损害整个团队为前提，那都是不足取的。因为我们仅仅是跑第一棒，我们后边还有跑第二棒的老师，所以，每个老师都应该像保护自己的眼睛一样来爱护自己的团队。人人都献出一份爱，世界将会变成美好的人间，每人都能添一把柴，团队就是温暖的大火炉。

一个好的团队应该是和谐的团队。和谐并不是你好我好大家好，这是没有原则的"老好人"主义；也不是人人脸上笑呵呵，实质内心有隔阂；也不是一人表态，众人鼓掌，那成了专制主义。

和谐的团队犹如一个交响乐队，既不是全部敲鼓，也不是全部弹琴，而是吹拉弹唱各显其能，组合在一起，汇成完美的乐章，指挥者是组长。有分歧可以辩论，但焦点是事，而不是人；有误会可以沟通，但前提是诚，而不是伪；有怨气可以宣泄，但前提是不伤害人；有苦衷可以倾诉，但还是要坚强；有困难可以提出，但依然还要乐观；有困惑可以埋怨，但冷静下来，还是要自省。

维护一个团队的和谐，绝不是组长一个人的责任，而是每个人的责任。卫星能上天，需要所有的部件百分之百的合格，但要失败，可能一颗小螺丝钉就够了。维护团队的和谐，需要人人来关心，但要破坏一个团队的和谐，有一个人就足够了。

一个篱笆三个桩，一个好汉三个帮。一个不能与人合作的人、不能融入团队的人、不能宽容别人的人，一个总是斤斤计较、自以为是的人，在任何时代、任何地方都不可能取得大的成功。除非你是看破红尘，剃度出家，但佛家也是讲究宽恕他人，普度众生的。

七

细节体现品质，小事体现大节。一屋不扫何以扫天下。

这次出去看望老师们，深深感觉到“内修素质，外塑形象”不能仅仅是一句口号。可能是因为工作繁忙吧，很多老师的宿舍卫生非常不好：有的白天被子不叠；有的办公桌上杂乱无章，有的垃圾遍地，污水横流。总之，室内卫生需要改善。

本周日，组长牵头，每个宿舍都要开始打扫卫生，彻底清理宿舍，整理物品，先自扫“门前雪”，每个人把自己的物品整理好。如果在干净、整洁的前提下还能营造出宿舍文化，体现出个人修养品位来，那是最好的了。

优秀是一种习惯。时间紧，任务重绝不是宿舍脏乱差的理由。有的妇女整天无所事事，家里也是杂乱无章；许多职业女性早出晚回，家里也能一尘不染。保持宿舍的干净、卫生绝不是仅仅为了让别人看，首先是自己看得顺心，住得舒心，其次也是个人修养素质的体现。很难相信连自己屋子都收拾不好的老师能管理好教室和学生的宿舍。

很快，学院和五指山的领导要来各支教点看望大家，所以，本周利用周末时间，大家集中把宿舍卫生清理好。

八

时间永在流逝，街市依旧太平。我们有限的生命，在这茫茫的宇宙间，实在是算不了什么。但是，人作为“宇宙的精华，万物的灵长”，确实独享了上帝的恩赐，使得我们在寻常的生物性的存在之外，拥有了别样的可能。

今天，我们是支教；明天，我们是考研、求职；后天，我们是结婚、工作。清醒而理智地活在当下，快乐而充实地面对生活。既然面对，就要乐观；既然走过，就不留悔。

所以，弯下腰扎紧鞋带。蹲步、抬头、注视前方，深吸一口气，为跑好第一棒而迸发生命的无限潜能与激情吧！

20. 向着明亮那方

当我坐在电脑前，慢慢回味我们来到五指山的这几天时光，慢慢回味两次到学校见到大家的情形，脑海中突然想起一句网络流行语——“理想很丰满，现实很骨感”。我想，坐在简陋的房间里，拿着薄薄的课本，面对着这些不谙世事、调皮的孩子们的你可能感受更深。

但，这就是工作的现实。

我们所钦佩的、敬仰的教育家，并不是生活在“天堂”里，不是生活在世外桃源中，他们同样也是生活在纷繁复杂的尘世中，他们遇到的困惑不比我们少，他们的与众不同之处只是在于身处荒漠而不放弃对绿洲的向往，他们的感动之处只是在于通过自己的不懈追求把脚下的漫漫荒漠变为茵茵草地。

开学三天，大家一定感受颇深：孩子调皮，难以沟通，你说的话没有权威，有的孩子我行我素，不爱学习，基础薄弱，课堂上天马行空，回答问题一窍不通。有点权威的男老师，往教室一站，学生还会约束点，但转身一走，一切照常。而有的女老师，可能高声吆喝，都不一定起作用……

面对如此状况，怎么办？

十六字方针：调整认识，了解学生，榜样带动，个别突破。

第一步，调整认识是前提。

目前孩子的状况，主要是由四方面原因造成的。一是孩子的天性所决定的，10 岁左右的孩子正是最单纯的时期，天性好动，对事物充满好奇，如果一个 10 岁左右的孩子表现出成年人一样的沉稳，那反而是不正常的。二是家庭的因素，许多家长整体文化学历低，对教育不重视，家庭教育缺失，孩子在家庭中没有培养起对教师的尊重，对学习的重视和良好的生活、学习习惯。三是学校教育的缺失，从学生成绩可以看出，如此差的成绩，暴露的必然不是单纯的改进教学方法、多布置作业等技术层次的问题，对学习没有正确的认识，学习风气不浓，没有良好的学习习惯等非智力性因素也在起着重要的原因。四是我们刚刚上任，还没有在孩子心中树立起威信来，我们对孩子不了解，孩子对我们也不了解。

教育是慢的艺术，改变一个孩子非一时一事之功，要面对、接受这一现实，把这一切视为正常。心平气和，多一分宽容，多一分关爱，如果在一个月后班级秩序转为正常，已经是天大的功劳了。要循序渐进，分层推进。先从容易突破的事入手，从容易改变的人入手，先改变那些可以改变的事和人，然后让少数人带动大多数人，最终实现共同提高。

第二步，了解学生。

了解学生是途径。有的老师问开学第一步先干什么，我想，首先能叫出每一个孩子的名字至关重要。不要急着点“三把火”，不要下车伊始，指手画脚。先多角度，多渠道了解学生，如果用一个星期能了解完全部学生，那已经是非常不错了。了解学生的成绩、家庭、学习基础、性格特点、学习习惯、生活习惯……管人先管心，管心先交心。要和每个孩子认真谈心，了解孩子幼小心灵的所好、所感。如果孩子们在你面前畅所欲言，那就说明他认可你了；如果只是你滔滔不绝，那你还未真正走入孩子们的内心。不要仅仅局限于在课堂和学生交流，学生在课外、宿舍、食堂的表现往往才是真实的自我。除此之外，还要了解哪些学生在班上是弱者，哪些是“无冕之王”等。其实，了解学生的过程，也是学生在了解你的过程。

第三步，榜样带动。

榜样带动是切入点。好孩子是夸出来的。当你充分了解学生之后，你应该在心中有一个大概的轮廓：目前的现状是什么，理想的目标是什么。当学生还不熟悉老师，老师也不熟悉学生时，可能老师的许多“命令”落不到实处，但你不要担心，有一点肯定会落到实处，那就是表扬。留心观察、选择你所倡导的“榜样”，不吝啬地表扬，在肯定一些人和事的同时，对班级的其他学生会有一个正面的示范引导作用，尤其是小孩子，都希望得到老师的肯定，你的表扬就是一种无形的引导。如果班级大部分学生不爱劳动，那就表扬劳动积极的学生，如果大部分学生不喜欢学习，那就表扬学习认真的学生，如果班级纪律不好，那就表扬遵守纪律的学生。表扬要随时随地，不一定局限于某一时间、某一地点。在公开场合表扬了学生，一定要说出表扬的原因。对某一现象的表扬要有连贯性、持续性，不要今天表扬了学习，明天表扬劳动，后天表扬纪律，要抓住主要问题，不要面面俱到。

第四步，个别突破。

个别突破是关键。现实中，总有一些特殊的孩子无论你如何表扬，都不可能起到作用。这些孩子的特殊之处在于：一是破坏力非常大；二是在班内有一定的影响力（这和是否是班干部没有关系）；三是成绩差、纪律差；四是不怕老师；五是家庭教育有问题，如单亲家庭造成的亲情缺失，父母长期在外打工，爷爷奶奶溺爱或者管不住，或者是父母放任自流等。这些孩子往往是令老师最头疼的。能否驯服这些孩子，关系到老师能否在班内树立起权威，能否真正整顿好班级。如何办呢？我的策略是：划定底线、瓦解阵营、收集证据、“大棒加胡萝卜”。先在班上开诚布公，划定底线：哪些是倡导的，哪些是可以商量的，哪些是坚决不允许突破的。然后，对和他一个阵营的孩子采取批评、表扬等办法个别突破，慢慢缩小他在班级的“市场”。同时，你慢慢开始收集他一次次突破底线的证据，等到一定量的时候，在公开场合，抓住他一件大家都看见的违纪的事，重点突破，把过去的事一件件摆出来，让他从表面到内心都真正认识到错误，感受到老师的权威，明白班级的底线。在这之后，一定要和他私下谈心，表扬他的优点，鼓励他、教育他，让他感觉到老师批评是为了他好，感觉到老师是在帮助他，而不是在歧视、打击他。

老师们，万事开头难！现实的困惑有很多，这都是正常的，这恰是考验我们能力的最好机会，正是因为现实有许多不足才需要我们从遥远的黄土高原来到南疆腹地来改变它。走进一个人的内心，改变一个人是最难的，而这项工作也是最富有魅力、最容易产生成就感的。当一学期结束时，如果孩子们因为我们的努力而喜欢上了学习，见了老师能主动问好了，普通话更流利了，课堂纪律井然有序了，回家能主动帮父母干活了……那你就是最幸福的。此时，我不禁想起了金子美玲的那首《向着明亮那方》的诗：

向着明亮那方，
向着明亮那方，
小小的一片叶儿啊，
也要朝着光照那方。
草丛里的小草啊！

向着明亮那方，
向着明亮那方，
哪怕烧焦了翅膀，
也要扑向灯火那方。
寒夜里的飞虫啊！

向着明亮那方，
向着明亮那方，
一分一寸的宽敞，
也要向着阳光那方。
都会里的孩子们啊！

在远离家乡的一天天日子里，夜深人静的时候，我总在想啊，时间本身没有意义，是因为人的存在，时间才有了价值，今天所做的一切有意义吗？有一则叫《犟龟》的故事，森林里的所有动物都要去参加狮王二十八世的婚礼，一只叫陶陶的犟龟听说后，也默默掉过头开始出发参加婚礼。一路上，蜘蛛嘲笑它走得慢，蜗牛说它方向错了，壁虎告诉它婚礼取消了，乌鸦告诉它狮王去世了，而陶陶没有停止前进，仍然默默前行，等它到达目的地时，没有赶上狮王二十八世的婚礼，却赶上了狮王二十九世的婚礼。

我想，这显然是一则励志的寓言故事。但我思考的是，如果陶陶没有赶上狮王二十九的婚礼，它的努力还有意义吗？

我认为，答案是肯定的。对于犟龟来说，生命的意义在于过程，而不在于结果，在于坚持本身，而不在于最后的婚礼。因此，即使没有遇到婚礼，毕竟它遇到了蜘蛛，遇到了蜗牛，遇到了乌鸦。人呐，当你永远不知道明天是什么天气的时候，不虚度现实的一分一秒，就是最大的意义。如果能为心中的理想而度过这一分一秒，那简直就是幸福了。

是的，让我们就这样往前爬，不管是否有婚礼，哪怕烧焦了翅膀。

向着明亮那方。

21. 方向比方法重要

一

主帅无能，累死三军。

班主任是一个班级的灵魂，是师生共同生命的编织者。从某种程度上说，一个好班级就是因为一个好班主任。什么样的班主任就带出什么样的学生，创建什么样的班级文化。在班级授课制的教育模式下，班主任的重要性不言而喻。

而从我们现在的实际来看，班级管理依然还存在诸多漏洞，班级文化基本属于空白，对编织共同生活的认识更是为零。

班主任工作亟待加强、提高。

现在班级存在的问题是：纪律松弛，学风不浓；学生自觉性差，集体荣誉感淡薄，个别淘气的学生还存在旷课、逃课现象。

班主任存在的问题是：重视抓纪律，忽视抓学风；重视抓几个淘气的学生，忽视大多数学生；重视“管”“堵”，忽视“理”“疏”；控制、约束、训诫多，引领、疏导、表扬少；充当“救火队员”多，“宣传队员”少。

班级管理目标满足于学生听话、不捣乱，没有长远规划。大部分措施只是凭本能性的“条件反射”：跑了，找回来；不听话，就批评；再违纪，就告诉家长；不交作业，就留下。班主任工作成了纯“体力活”，拼时间、拼体力、拼力量，没有多少技术、艺术含量。

班主任更没有把班级当成家庭一样来营造，没有去有意识编织师生的共同生活，没有让班级刻下自己的生命烙印，师生没有组成一个幸福的、有共同“密码”的“共同体”。

本周，我在毛道学校和毛阳学校中心校专门开会谈了班级管理。回到番阳学校后，我一直琢磨，原因何在？

原先我认为缺少的是方法，但我终于发现：方向比方法重要。

二

不同的郎中开不同的药方。

从王晓春老师科学主义的研究思路推演开来，我们的班主任普遍存在的问题有：一是不能对“现象”背后的问题进行“确诊”；二是开不出有效的“良方”。

问题在哪里呢？

运用杜威的思维“五步法”来分析：(1) 班主任遇到班级中出现的问题(困惑)；(2) 确定问题的根源(原因)是什么；(3)根据问题的根源，提出种种假设的对策或方法；(4)对各种对策或方法进行评估；(5)实施确定的方法来加以验证。

通过一个例子来了解解决问题的全过程。

第一步，遭遇困惑。发现一个孩子上课总是不认真听课，喜欢做小动作并交头接耳说话。

第二步，确定原因。面对这样一个“困惑”，要确定背后的“根源”是什么：(1)因听不懂老师讲的内容；(2)已经掌握了知识，没事可干；(3) 习惯所然，没有养成持久专心致志做事的品质；(4)自制力差，挨着一个爱搞小动作的同桌；(5) 喜欢带零食或其他小玩具；(6) 多动症。

一个一个分析这些可能的原因，最后确定问题的原因是：习惯所然，没有养成持久专心致志做事的品质。

第三步，提出假设。根据这个问题，提出各种假设的对策：(1)批评教育；(2)给他讲各种关于优秀品质的故事；(3)通过课堂提问、暗示等手段提醒、制止；(4)耐心辅导，帮助克服学习中的困难；(5)提供图书阅读，通过阅读，培养专心做事的品质；(6)体罚。

第四步，对各种假设进行推断、评估。(1)批评并不能真正改变习惯，而且他已经对批评习以为常，所以不会管用。(2)讲故事，但他对这些故事理解不了，也不会触动内心。(3)课堂及时的制止是必要的，但仅靠这一点，不解决真正的问题。(4)帮助他克服学习中的困难，提出目标，并耐心辅导，这样他才能逐步建立起学习的信心，这是长久之计，考验老师的耐心。(5)提供图书阅读，虽然见效慢，但从兴趣入手，是改变的有效办法，但需要提供合适的书，需要老师参与，需要时间。(6)体罚和批评一样，只治身体，不治内心，放弃这种办法。

经过这些分析、对比，发现虽然第(4)和第(5)两种办法见效比较慢，但还是治本之策，可以选择，同时第(3)种办法作为辅助办法也要采取。

第五步，实践验证。实施选择的方法，用实践来加以证明。

如果再出现困惑，那么再运用“思维五步法”从头到尾再分析，这样循环往复，直到解决为止。

这就是一个比较完整的遇到“困境”而运用思维“五步法”来分析的全过程。

王晓春老师一针见血地指出，作为老师，不能只是说一个现象，就问怎么办，而应该是说一个现象，自己分析几个可能的原因，分别说出对策，然后再来探讨这样的分析和对策是否合适。作为老师，观察现象——分析原因——解决对策，这是老师工作的三部曲。

三

通过这样的分析，会发现班主任专业化不足的问题。

其实不止实习老师，即使是工作多年的老师可能也缺乏从专业化的角度来分析日常班级问题的能力。大部分是凭经验或直观感受进行分析并采取对策。即使有效也不会分析其背后的原理，而只是保存到自己的“经验”库中。如果没效，也不反思，从而滑向抱怨、无奈、放弃的方向。

认识到这个问题之后，上周，我连续在毛道学校、毛阳学校和番阳学校开会传授管理班级的方法，我提出了班级管理“三境界”之说：纪律约束，民主自治，文化引领。

对于“民主自治”，我提出，制定班规要反复酝酿，民主投票表决；执行班规，要选好、培养好学生，达到学生自治；修改班规要慎重、制度化。班级制度化管理宜粗不宜细，多激励、表扬，少惩罚、批评。制度化管理要把班主任解放出来。

对于“文化引领”，我又提出了三项措施：(1)构建文化载体，精心酝酿班训、班徽、班歌，并对教室进行文化装饰；(2)打造文化宣传阵地，班会要有主题，要策划；(3)通过共读，形成师生交流“密码”，渗透文化。

四

之前我侧重于从方法上指导大家，但最近我在和老师们的交流中，发现如果方向不明，仅有方法是不够的。方法总是死的、固定的，如果方向不明，那么就会出现刻舟求剑、守株待兔式的死板教条。

一些老师谈自己班级管理，从来没有谈自己如何想方设法去探寻现象背后的根源，从来没谈到自己如何想方设法去寻找有效办法。

打个比方，看病要对症下药，我们一是确诊不了“病症”，二是针对病症，下不了“药”。许多班级的问题源于老师“头痛医脚”，错误的诊断导致错误的治疗。

办法从哪儿来？得向别人学习，向书本学习，而不是闭门造车、冥思苦想。

这就是方向的问题。

如何才能发现表象背后的“真相”呢？我很少看到老师们从教育学、心理学著作中汲取原理，很少看到老师们去名家那里寻找“窍门”，很少展开调查，进行实验来获取“真相”。

我们的经验是有限的，知识是匮乏的，如果不积极学习，不去“充电”，那么总有黔驴技穷的时候。

为何会这样呢？因陷入日常的琐碎工作中不能自拔，没有给自己留下“充电”学习的时间，或者说是没有学习的意识，所以也就没有学习的目标。

一句话，如果班级存在问题，根源于班主任的不学习。

王晓春老师说，新当班主任的老师，除了应对学校交给的任务，要有自主的时间来读书学习，提升自己。优秀的老师是做减法，不优秀的老师是做加法。每天要反思，最好记随笔。

现在网络很方便，大家可以用百度搜索魏书生、李镇西、王晓春、万玮等教育专家，看他们有何管理班级的妙招，虽不可全盘照搬，但可借鉴、启发。更需要不断翻开我们手头的《给教师的建议》，从教育学的原理来判断一个学困生是如何形成的，什么才是帮助他的真正的“灵丹妙药”。

五

是不是做到以上这些就万事大吉，大功告成了呢？

昨晚，我看了一部《街头日记》的电影，对我有极大的启发，发现自己之前的认识还是不足的。

这种认识对我而言是方向性的变化，而不是方法的汲取。这种认识也深深地感受到了王晓春老师的局限性所在。

这部电影使我对班级工作的认识从“管理”的层面上升到了“师生编织共同生活”的层次。

如果师生不能编织共同生活，不能组成一个有共同语言的“共同体”，那么仅靠外在的“管”和“理”，永远不可能解决真正问题。

关于这些认识，我写了《街头日记》观后感，大家可到我的QQ空间中观看。

想到这些，其实我更想开出一系列的书目和电影，先编织我们的共同生活。

书籍如：《小王子》《成功无捷径——第56号教室的奇迹》《爱心与教育》等。

电影如：《放牛班的春天》《蒙娜丽莎的微笑》《生命因你而动听》《死亡诗社》。

怎奈我们时间有限，只有一个学期的实习期，无限的畅想受限于有限的时间和空间。

但这不妨碍我们去努力突破，努力构建。生命就是这样，总是在不断突破种种局限中凸显价值、力量与尊严。

你我共勉之！

22. 寻找送信者

每次听课,我都喜欢提前到教室走一走,看一看。了解课余时间学生在干什么,是吃零食还是看书;看看教室里的文化装饰是否别具一格,角落里是否有垃圾……

细节体现品位。正如到了客人家,一束兰花、一幅字画就能体现主人品位一样,教室里的一句名言、一张照片也能体现出班主任的精心构思。学生就是老师的镜子,学生的一言一行就能看出班主任的苦心和追求。

宋统丹任毛阳学校五年级的班主任,走进教室,窗台上整齐摆放的花,传递出雅致的情趣。而在另外一个教室,看到的是贴窗户的纸随风而舞,可知班主任的用心程度。

教室是一幅画,要精心来构图;教室是一首歌,要倾力来谱曲;教室是小菜园,要用心来规划。

番阳学校三年级学生上课时,整齐地跨出座位鞠躬,可以看出班主任吴冬雪在训练有素上下的一番功夫。

教育是一门艺术,老师岂能没有一颗敏感、细腻的心?

一

周五,毛阳小学的两位老师分别上了数学公开课。宋统丹讲了分数的基本性质,教学很成功,思路严谨,语言缜密,得到了听课领导和老师的一致好评。宋统丹课堂教学的一大特色是注重预习,这一点是许多数学老师忽视的,但恰恰也是最为重要的。在上课前,她不仅让学生做了课堂上将要讲的题,而且让学生准备了教具,确保每个学生能动手参与。这种直观形象的教学方法,有效地促进了学生思维。

此次听课,收获颇多。

四五年级数学的流程本质:现象——规律——现象。

从现象到规律是归纳,要总结、推出所学的知识。老师要提供足够的、清晰的现象(砖、水泥),让学生自己发现、总结规律(盖房子)。而很多老师在此环节中出现的问题常常有两种：一是提供的现象(例题)不清晰；二是没有留充足时间让学生来总结规律(定义、定理)，而由老师的讲解代替。

从规律到现象是演绎，是运用、巩固知识。练习要及时，学生要独立思维，老师要观察学生思维的过程，要让问题暴露在老师眼前。这个过程出现的问题是：练习时间和量都不够，忽视学生在草稿本上独立的演算，没有让学生真正独立思维。

结合过去听课的感受，总结数学课存在的问题有：(1) 不重视预习，学生缺乏提前学习课本知识，制作学具的意识。(2)不给学生留足够时间来归纳定义、定理。(3)不重视学生独立思维。集体回答多，个别提问少；口头回答多，书面演算少；老师讲解多，学生练习少。(4)不给学生独立面对课本的机会，欠缺审题训练。

更重要的是这次听课，发现了一个许多老师一直抱怨的问题。许多老师抱怨学生不认真审题，不会审题。从这次听课发现，数学老师在课堂上基本就没有给学生阅读题目的时间，没有训练学生审题的能力。老师一般是直接就开始讲解教材的知识，讲解完毕，然后直接就开始练习。

在听另一节数学课时，我对课本的数学题的题目意思还是一头雾水时，老师仅给学生极短的时间，就开始讲解、问答，学生当然摸不着头脑。

新登台老师在讲课中最大的问题是，不能把学生的脑力劳动放在注意力的中心，典型表现为：上课不能根据学生思维来调整教学策略和进度；上课没有把注意力放在学生的思维上，脱离不开课本和教案。这些内容请大家研读《给教师的建议》第 63 章《教师要把学生的脑力劳动放在注意的中心》。

二

工作中，目前最核心的困难在课堂，最大的不足在教学。这个问题也是我每学期都会遇到的最棘手、最核心的问题。

现在采取的听课、评课模式，还不能起到根本改变的作用。如何才能让初登台老师尽快成长起来？避免走弯路？这是我近期反复琢磨的问题。

课堂迅速提高，一般有两种途径。

一种是专家指点、自我反思。这种模式见效最快，自己备好课，让学科专家听课诊断，然后自己反思，修改教案，重新再上，专家再听。如此反复，直到满意为止。这样几轮下来，自己的教学会突飞猛进。

一种是模仿专家、自我反思。购买若干名师的课堂实录，精深研究其教学规律，举一反三，从模仿起步，逐步应用到教学中，每天将自己课堂教学的得失记下来，不断反思，也会有明显的提高。

从实际来看，第二种比较现实。要学就学最前沿的名师。数学、英语暂时还推荐不出来，但对于语文我还是比较了解的，在小学语文界比较出名的是窦桂梅、王淞舟等老师了，建议大家购买《听窦桂梅老师讲课》《听窦桂梅老师评课》《听王淞舟老师评课》这些书，不断研究，不断模仿，不断反思，必定会受益匪浅，即使将来教初中、高中，也大有益处。

对于班级管理，班主任最困惑的是缺乏具体的治班策略，目前写得最好的管理策略的书籍，是魏书生老师的《班主任漫谈》，这本书中的治班方法，易操作、容易学、很实用。

仅仅有了书还不够，还必须具备两种品质：一是向书本学习的品质；二是善于反思并书写的品质。而这两种品质恰恰是我们最欠缺的，所以导致我们在专业发展上总是难以提高。

优秀人物的经验和知识从哪里来，除了极少数人独自钻研创造，极少数人行万里路、见多识广，绝大多数主要从书籍中汲取，凡是杰出的人物都是善于从书本中吸取经验和知识的，对于从事教育的老师来说，这一能力更为重要。但由于语文教育的不足，导致绝大多数从学校毕业的人阅读能力低，只会消遣性质的感性阅读，而缺乏解决问题的知性阅读。

这个世界既不是有权人的世界，也不是有钱人的世界，而是有心人的世界。勤反思，将反思书写下来，就会成为一个有心人。每天将自己上课的得失感受，哪怕是三言两语也要及时记载下来，唯有如此，才会不断提高。

三

既要保证大部分学生学业提高，又要照顾少数学困生，这种“骑着骆驼牵着羊”的现实情况，估计让许多班主任头疼而困惑。

很多班主任每天为少数不听话者、经常旷课者而苦恼，为少数无论你费多大的心血也不开窍者而困惑。客观地说，老师不是万能者，有的孩子的问题需要从解决家庭问题着手，所以，不放弃任何一个孩子是一种信念，但不是说每个孩子都能改变，都能提高。不是让老师在每个孩子身上都平均花费精力和时间。

这涉及一个效率和公平的问题。人的精力和时间是有限的，既要考虑给予学困生必要的帮助，更要考虑同样的时间放在中等生和优生上，效益更高。如果因为把大量的精力放在扶困上，而影响了中等生和优生的发展，这样对中等生和优生来说同样是不公平的。在保证纪律的前提下，在适当照顾学困生的情况下，还是要把主要精力放在班级绝大多数学生身上来，这些学生的前进与否，真正决定一个班级的考核成绩。

四

最低层次的管理是靠惩罚，进一步的是靠奖赏，最高层次是靠文化，通过文化让集体的目标成为每一个成员的自觉信仰。

管理罪犯主要用惩罚，收买亡命徒主要靠奖赏。训练野兽靠惩罚加奖赏。这都是动物世界的丛林原则。

一个团队文化的最高境界，就是能将文化概括为精练而又浅显易懂的一句话，达到让每个人过目不忘的地步。

管理一个班级同样如此。在班级混乱之时，“乱世宜用重典”，整顿纪律，赏罚严明，这些都是必要的。但当班级进入有序状态时，如果没有文化来引领，那么原有的良好秩序也难以维持。

即使班级没有完全进入有序状态，也要及时进行文化建设，有些问题和困难，是随着要求的进一步提高而自动消失的，利用更高层次的要求来消除低层次的问题，这是教育学中重要的原则之一。

五

如何进行文化管理？

首先，班主任要根据班级实际情况，确定一个班级文化理念，并浓缩为一句话，如“让每个学生都有尊严地生活”“让每一个学生都有所获、有所为、有所乐”，或者新教育提出的“过一种幸福完整的教育生活”等。

提出口号之后，可以选择合适的歌曲作为班歌，如《怒放的生命》《飞得更高》等与班级理念一致的歌曲。

接着，让班级的学生设计精美而又有丰富象征意义的班徽或者班旗，让学生共同为班级起一个漂亮而有寓意的名字，如太阳花班、蜗牛班等。

然后，你就可以开始布置教室了，根据班级文化理念，设置装饰教室，让教室充满文化气息，而且有个性。

有了这些元素，还可以设置一些特定的仪式，如唱班歌等，以增加班级的凝聚力。

最重要的是，围绕班级文化理念，开展读书、讲故事、结对子、献爱心等活动，不断让文化潜入学生的生命，并内化为每个学生的精神素养和自觉追求。

这时，你就是真正的“人类灵魂的工程师”了。

六

本周，符丽诗两则短信引起了我的深思。

“今天上午，我们看见老师种菜，然后就过去帮忙，老师非常热情，竟然给了我们一块菜地。和当地老师相处，其实是自己想得困难。”

“昨天借了几本关于写作的书，今天让学生阅读，才发现其实他们是非常喜欢阅读的，只是需要老师的引导才能更好地发挥作用。”

我为毛道学校小组的转变由衷高兴，这就是提高，是实习的作用。

但更多的是担忧。因为客观情况，我们都只能实习一个学期，从刚开始的茫然失措到现在的稍有眉目，然后到恍然大悟，总有一个过程。毛道学校小组的符丽诗等老师是“悟”到了，但还有多少老师依然徘徊在自身经验的圈子当中，或者陶醉，或者困惑呢？或许到实习结束时，可能感受到了，但对教育教学工作的质量已经大打折扣了，不是吗？想想我们对待教室文化的布置、读书的开展、语文课上书空的练习、广播操的训练等，落实得怎么样？

七

所以，现在所有的工作都遇到一个瓶颈的制约，那就是执行力(落实)的问题。这个瓶颈突破不了，所有的工作都只是停留在词语的表面。正因为如此，今天改变学习计划，学习《把信送给加西亚》。

投入才有回报，忠诚才有信任，主动才有创新。

世界会给你以厚报，只要你具备这样一种品质，那就是主动。什么是主动？主动就是不用别人告诉你，你就能出色地完成工作。次之，就是别人告诉了你一次，你就能去做，也就是“把信送给加西亚”。

现在的年轻人主张张扬个性，活出自我。但个性解放、自我实现与主动性、敬业、忠诚绝对不是对立的，而是相辅相成、缺一不可的。年轻人所需要的不仅仅是从书本上学习来的知识，也不仅仅是他人的种种教诲，而是要塑就一种精神：忠于上级的托付，迅速地采取行动，全力以赴地完成任务。

今晚，大家在各自的学校学习讨论了《把信送给加西亚》，支教工作就是“加西亚”，但正在寻找合适的送信者。

这个人，会是你吗？

第四章

阅读构筑合宜的大脑

在专业发展上，阅读数量大与专业水平高并没有必然的联系。教师专业阅读，不在于构造一个知识丰富的大脑，而在于构造一个知识结构合宜的头脑。蒙田说，“一个构造得宜的头脑胜过一个充满知识的头脑”。如果仅仅往大脑里堆积了大量散乱的信息、知识，而没有将其整体化、背景化，没有改变大脑的原有认知结构，那么，这种阅读的作用是不大的。教师专业阅读要摆脱流行读物，啃读经典原著，放弃感性阅读，坚持知性阅读，通过阅读“根本”书籍，理解“根本”观念，提升“根本”能力。

23. 仅仅懂得读书是不够的

一

本周，新教育网络师范学院“非理性的人”课程公布了作业过关情况，共有11位老师顺利过关：

良好：听风掠过

及格：快乐小荷、俊杰俊杰、绚之平淡、绿叶飘飘、佳人拾翠、大连海之韵、阁楼上的蜗牛、天微晓、秦时明月、神通广大

祝贺以上过关老师！新教育网络师范学院素以要求严、标准高著称，课程过关率一向很低，能合格尚且不易，得到良好或优秀等级，难上加难。不经一番寒彻骨，哪得梅花扑鼻香？凡能过关学员，哪一个没有经历写作业时“上穷碧落下黄泉”的求索和“衣带渐宽终不悔，为伊消得人憔悴”的煎熬？但也只有经历了这种“阵痛”，才有化蛹成蝶的蜕变和凤凰涅槃的重生。

当然，其他交作业但暂未过关的老师也值得肯定。

真正的学习往往是从批注、做作业开始的。因为这时你得用自己的思维、语言来和作者对话，来阐述、剖析某一观点。只有通过写作业，才能清楚自己懂什么，不懂什么。一些老师和我说：“我虽然没有加入新教育网络师范学院，但我一直关注、阅读新教育网络师范学院的资料，跟着学习。”这当然是可以的，但这样的学习方式不会带来根本性成长。要想取得“真经”，不能只是站在外围观看，而需要将整个生命卷入其中。只有亲自跳进水中，被水呛几口，才能学会游泳，否则，永远是“旱鸭子”。

当然，我所赞同的是指经过认真思考、精心撰写的作业。如果仅仅是为了避免出现“不良记录”而应付交差，这样的作业和不交没有多大差别。

二

本周，聊聊专业发展中阅读这个话题。

开卷有益，多多益善，这种阅读观念当然是正确的，但对于教师专业发展来说，往往会引起误导。在专业发展上，读书数量多与专业水平高没有必然的联系（现实中，许多很少读书的老师，教出的成绩还很不错）。

许多爱读书的老师常有如此体会：看的书也不少，甚至很认真（做笔记、批注），但读了许多书后，感觉除了积累了一些零散的信息、概念之外，专业能力并没有多少显著的变化和提高，班级管理、文本解读、课堂教学等教育教学水平依然停留在原来的层次。

原因何在？

教师的专业阅读，不在于构造一个知识丰富的大脑，而在于构造一个得宜的头脑。埃德加·莫兰说："一个构造得宜的头脑是善于组织知识从而避免知识的无效堆积的头脑。"蒙田说："一个构造得宜的头脑胜过一个充满知识的头脑。"之所以产生读书多，但成效不大的状况，是因为我们只是往大脑里堆积了大量散乱的信息、知识，而没有将其整体化、背景化，没有改变大脑的原有认知结构。信息不是知识，知识不是智慧。举例来说，一台电脑被随意输入汉字、图片、视频，这只是信息，安装的各种软件是知识，但用哪个软件处理信息，如何用软件处理信息，这是智慧。一台构造合宜的电脑，是针对现实需要，安装了最适合软件的电脑，而不是装配的软件越多越好。教师的专业阅读，贵在大脑中构建若干处理教育教学问题的"软件程序"，而不是盲目、不加选择地海量阅读。

专业阅读，首先要针对当下的主要问题和困惑来读，否则，学到的可能是屠龙之技，导致逐渐丧失学习的动力。但发现真问题也不易，问题是本质、根源，许多老师往往会把现象当作本质。比如，有的语文老师会说："我目前的困惑是不会教诗歌。"不会教诗歌是现象，不是本质，诗歌课上不好的主要原因是缺乏正确解读诗歌的能力，因此，"如何提高诗歌解读能力"才是本质。所以说，不能有效针对问题阅读，也是阅读成效不明显的原因之一。

阅读要围绕核心问题来选择书籍，进行结构化、主题化阅读。英国教育家怀特海说："零零碎碎的信息或知识与文化毫无相关，如果一个人仅仅是见多识广，那么他在这个世界里是最无用且无趣的。"他针对教育问题，有两个非常重要的观点：一是不要同时教授太多的科目；二是如果要教，就一定要教得透彻。"少而透彻"这个观点，对于教师的专业阅读也有非常重要的启发：阅读不能同时针对太多的问题，阅读主题太多，学习就会成为蜻蜓点水、走马观花，只会被动接收一些毫不连贯的知识和概念；进行专题性阅读，要学就学透彻，以达到能够灵活运用所学知识去理解并处理实际问题的效果。

新教育网络师范学院与其他教师专业发展共同体在理念上的最大不同正在于：它不强调盲目地博学，而是通过读透彻几本书（当然，要真正读透一本书，往往需要许多书做支撑，需要不同书籍相互打通并互为背景），建立自己的根本书籍，改变自身知识结构，将所学理论内化为自身的“武器”，形成扎实的专业能力。比如，在语文教学方面，通过研读《苏菲的世界》《中国哲学简史》《人间词话》等根本书籍构建强大的文本解读能力，通过研读《给教师的建议》《教育的目的》等经典书籍，掌握教育学原理，通过研读《构筑理想课堂》《生命中最好的语文课》，以及进行中小学语文课的实战演练，领悟“理想课堂三重境界”“浪漫——精确——综合”认知规律等理论，最终熟练运用“有效教学框架”。这样的一个结构化阅读，不是着眼于从课堂技巧层面进行雕琢，而是彻底改造原有课堂模式，为一生的教学奠定坚实的基础。

三

专业阅读，除了要知道“读什么”，更要明白“怎么读”。

有用的书往往是不易读懂之书，容易读懂的书往往对专业发展没有多大作用。一本书如果有百分之四十难懂的书，也许是最好的书，超过百分之六十，恐怕就读不下去了，而障碍很少的阅读，只能算是消耗时间的消遣。所以在新教育网络师范学院，我们提倡“啃读”而不是“悦读”。如果缺乏正确的读书方法，即使提供了合适的书籍，往往也是“水过地皮湿”，甚至连地皮也湿不了。新教育网络师范学院不仅强调阅读根本书籍，而且重视阅读方法的改变——从大众化感性阅读转变为研究式的知性阅读。“感性阅读是指带有消遣性的阅读，阅读者仅凭借感觉去感受书中的信息而不加以反思咀嚼。而知性阅读，是指带有钻研性质的理解性阅读，阅读者凭借逻辑和已有的经验去理解书中的观点，与书籍反复对话，并以书中的思想对自身经验进行反思和改进。”(《构筑合宜的大脑》)

然而困惑大多数老师的问题，除了“读什么”“怎样读”之外，更主要的是“何时读”。

在有的人看来，阅读已经成为如沐浴阳光、呼吸空气一样的自然需要，已经成为吃饭穿衣、刷牙洗漱一样的生活习惯，成为与生命中的重要朋友约会一样的生存状态。但许多老师仍然停留于这样的困惑：工作、孩子、人情、家务、健身、购物、旅游等，样样都得花费时间和精力，哪有时间阅读？

的确，这些都是理由，但也都不是理由。

普通老师再忙，也没有朱永新老师忙，朱老师行政、科研、教学集于一身，且常年在全国各地调研、作报告，但能几十年如一日地啃读不辍且著作等身。“成功的花，人们只惊慕她现时的明艳，然而当初它的芽儿，浸透了奋斗的泪泉，洒遍了牺牲的血雨。”为了保证阅读、写作，朱老师每天早晨五点起床，等到上班时间，他已经完成了一天的阅读、写作任务。针对许多人抱怨没时间读书的问题，朱永新老师说：“自来水是压出来的，时间是挤出来的。试想某一天，你生命中最重要的人突然约你相见，你会不去吗？肯定会想方设法相见。我认为，阅读就是我们生命中最重要的这个人。认可这一点，就一定能找到时间。重要的事情总是有时间做的。工作忙的借口，是因为你还没有把阅读作为自己人生最重要的事情。”

其实，从根源上来说，有没有时间阅读，与一个人的职业信仰、人生态度有关，它牵涉到一个人对人生的理解和规划。有怎样的规划，就有怎样的取舍。我要成为一个怎样的人，要走怎样的路，此生之意义何在，成为教师意味着什么……只有对这些终极性问题有深刻思索和清晰答案，才能做到像呼吸一样自然地阅读。

这样的思考已经是哲学思考了。在新教育网络师范学院，之所以开设中西哲学课程（尤其是注重精研存在主义哲学），除了意在从哲学高度高屋建瓴地关照、启发教育之外，也是旨在解答个体根本的存在问题，让个体能对自身、生活、人生有深刻省察。

所以，新教育网络师范学院课程是一个有内在逻辑的综合系统。在新教育网络师范学院学习，不仅仅是阅读了几本书，不仅仅是改变了阅读方法，提升了教育教学能力，最终是改变了人的生存状态，让我们回归自身，体味人生幸福。如果没有生命的成长，没有阅读方式的改变，仅仅提供书目，在专业发展上是起不到根本作用的。

四

曾经有老师让我推荐值得阅读的书籍，我推荐了《给教师的建议》。另一位老师说：“读别的不起作用吗？”后来，这位老师补充说，他已经阅读了几次，但读不懂。

埃德加·莫兰说：“每个精神中都存在着产生自欺的谎言的可能性，自我中心主义、自我辩护的需要，使得每个人自己对自己说谎，而不对这个他本人是作者的谎言加以探测。”

优秀者在遇到读不懂的经典书时，会想：“既然被称为经典之作，一定有其独到之处，是不是我的阅读方法有问题，是不是缺乏相应的书籍作为背景，是不是应该向一些专家求教……”

而常人在遇到读不懂的书时，往往自欺心理机制会自动产生作用——“这本书对我是没用的，真正大家的作品都是通俗易懂的，也许作者都不懂，专门弄些晦涩的词语哗众取宠……”然后将书束之高阁。

的确，真理都是朴素的，但领悟真理却不是轻而易举的，因为这关系到知识结构的充实或变化。读不懂，往往是因为大脑中旧的系统不能兼容、识别新的文件，是大脑中原有图式不能同化当前内容。这就要求大脑升级或更新系统。凭借原有认知结构来改变自身知识结构的难度，相当于揪住自己的头发使自己脱离地面。所以,我们不能因为真理是朴素的,就拒绝有阅读难度的书籍。

不喜欢阅读难度大的书,想阅读浅显易懂的畅销书,除了“畏难”心理之外,也反映了许多教师存在的一个共性的思维定式:总想找一条付出少、收获大的捷径,找一些通俗易懂、立竿见影的绝招。这种心理也是当今市场经济社会上普遍具有的心态,所以才有层出不穷的各种神话和大师。

曾经(包括现在),我多少次为读不懂某些书而懊恼,一开始是怀疑书,后来是怀疑自己,但直到有一次看到新教育中诸多老师在整本书上密密麻麻批注、勾画的痕迹,亲眼目睹他们是如何废寝忘食、夜以继日地啃读,我才恍然大悟:“钢铁”原来是这样炼成的,自己缺乏的不仅是聪慧的天资,更是勇猛精进的啃读品质。

五

这是一个适宜聪明人生存的时代。

放眼周围,在一个充斥房子、成绩、工资、职称、职务的话语环境中,在一个充满抱怨、指责、冷漠、嫉妒的喧嚣社会里,谈读书,谈理想,说好听是书生气,说不好听是书呆子气。

然而,在一个想做聪明人的年代,稀缺的恰恰不是聪明,而是一心一意,孤注一掷,一条心,一根筋。

您想成为哪一类人?

关键是,您适合成为哪一类?

24. 吻醒一本书

新教育网络师范学院课程次第开课，中国哲学简史、完美教室、诗词文本解读等课程都已经进行了第一次研讨，从学习到教学、教育学经典等课程也即将开课。虽然课程各不相同，但各群中的讲师和组长都在强调同样的两个词：预习、批注。

如何阅读一本有难度的好书，本周谈谈这个话题。

一

《睡美人》中的公主即使再美，如果不是被王子吻醒，会依然沉睡梦中。一本书，即使再经典，如果仅是停留在书架上而没有深刻进入我们的生命，也不能显现其价值。

经典的书籍是需要被我们一次次"吻醒"的。

不是每一本书都值得深深一"吻"。只有那种能提升我们的理解力，能帮助我们深刻认识世界、认识自己的大家之作、经典之作才值得我们下一番功夫。

阅读分为两种，一种是消遣性阅读，一种是理解性阅读。前者为获得资讯而读，后者为求得理解而读。大部分人日常看报纸、杂志、小说，浏览网页等都是消遣性阅读，所读内容大多浅显易懂，以获得资讯、带来愉悦为目的，也称之为"悦读"。之所以"悦"，是因为所读内容契合内心感受，读者与文章产生了共鸣。但从本质上来说，这类阅读对自己的理解力并没有多少提升，并不能增加自己的才智，因为这样的文章所言和你内在的知识结构是一致的。这就是为什么许多人也在大量阅读，但掩卷之后，除了获得一些碎片性的消息、信息，除了记下一些心灵鸡汤式的句子，生活工作"涛声依旧"——当下的问题依然像大山一样横在那里。

而我们提倡的理解性阅读与此不同，它以优化自身知识结构、提升理解洞察力、解决当下问题为目标。这类书籍往往不容易读懂，之所以"读不懂"，是因为作者大脑的思维、知识，是你完全不具备的。所以，一本起码有三分之一读不懂的书才是好书。读这样的书不是悦读而是啃读。

从皮亚杰认知心理学角度讲，"悦读"就是同化过程——个体把外界刺激所提供的信息整合到自己原有认知结构内，就像消化系统对营养物的吸收一样。而

"啃读"就是顺应过程——原有认知结构无法同化新环境提供的信息时，个体的认知结构因外部刺激的影响而发生改变。

二

阅读能力是有高低之别的。

同样一本书，有的人阅读后就能理解、吸收，化为生命营养，丰富自己的"武器库"，而有的人读后，只是记了一堆僵死的词语。这就是阅读力高和低的区别。许多人之所以畏惧经典，难以真正读懂有价值的书，不是因为其不识字，而是因为阅读能力低，采用了错误的阅读方法。比如，用消遣性的阅读方法来阅读经典之作，相当于拿一把钝刀来砍骨头，所获当然甚少。

最高的阅读力是自我发现式的阅读。这种阅读就是让一本书向你既有的理解力挑战。读者在没有任何外力的帮助下，只凭着内心的力量，玩味着眼前的字句，独自挑战一本书，慢慢地提升自己，从只有模糊的概念到更清楚地理解为止。

常人的阅读力是理解式的阅读，读者在外力(名师的讲解，或者是其他书籍的导读)的帮助下，挑战一本书，头脑从粗浅的了解推进到深入的理解。《苏菲的世界》《中国哲学简史》就是学习西方哲学和中国哲学而提供导读的书籍。

三

啃读的前提是选择书，选择那些值得挑战的书，那些能给自己带来深刻洞察力的书。

如何从浩如烟海的卷帙中选择出好书呢?

一是看作者，选择大家之作，真正的大家或者对文化、人生有深刻的领悟，如《庄子》，或者在某领域内有开创性的发现，如王国维的《人间词话》，或者在解决某一问题上有独到的认识和方法，如弗洛姆对"爱"的认识。二是听高水平人的推荐，这些人往往博览群书，见识深刻，能得到他认可的，往往是给其带来深刻领悟或启发的书，依靠这些人的推荐，可以少走许多弯路，少浪费宝贵时间。第三是看出版社，一些积淀深厚、品质卓越的出版社对书籍质量要求非常高，比如商务印书馆等，而一些商业化比较浓的出版社往往紧跟市场，追求效益，图书质量良莠不齐。

选择书一定要警惕那些商业包装的伪书。这些书的书名很唬人，而且往往虚构一个号称国外某顶尖大学教授的作者，杜撰出连续高居某某排行榜的噱头，伪造外国知名媒体、人物的图书评价和畅销信息，从而充分吸引你的眼球，震撼你的内心，而其内容往往是剪刀加糨糊而速成的。这些图书主要集中在经济管理、励志以及心理自助类方面。

四

许多人，打开一本有价值的书认真阅读，但在硬着头皮读一阵后，感觉艰涩无比，索然无味，莫名其妙，最终不得不放弃、搁置。

其实，这是很常见的情况，即使水平再高的人，也有此类情况出现。

阅读有价值的书，需要掌握正确的阅读方法。

拿到一本有价值的书，首先要在一定的时间内通读全书，抓住这本书的重点，明白"这本书在谈什么""这本书的架构如何"。

很多时候，之所以放弃阅读，一方面是因为我们对书的期望值太高，另一方面是忽略了这样一个阅读方法：头一次面对一本难读的书的时候，要从头到尾先读完一遍，碰到不懂的地方不要停下来查询或思索。只注意你能理解的部分，不要为一些没法立即了解的东西而停顿。

对大家之作，不要轻易地希望一次读懂，尤其在初读时，不要企图了解每一个字句。仅仅一本薄薄的《教育的目的》，我已经通读了十多次，还不敢完全说读明白。如果没有一定的功底，遇到不明白之处就查找相关资料，就容易被看不懂的章节、注解、评论或参考资料阻挠而泄气。其实，一本书，某几处读不懂，不等于后面的都不懂，如果因为一开始的障碍而放弃阅读，导致后面比较容易理解的部分也丢弃了。何况书中内容经常是可以相互启发的，此处不明白，可能会在后面内容的启发下而恍然大悟。而且，如果从头到尾读了一遍，那么第二次阅读时，就有了一定的知识背景或基础，可以站在一个全局的角度思考局部的问题，降低阅读难度。

读完第一次后，要尽可能地用一句或几句话概括出"这整本书说的是什么"。找出作者在问的问题，或作者想要解决的问题是什么。如果能说出，说明你已经把握书的整体意思。如果你要说的话太多，表示你还没有将整体的内容看清楚，而只是看到了多样的内容。作者总是针对一定的"问题"来写文章，但在写作过程中，他会把这个"问题"悄然隐藏起来，仿佛骨架隐藏在血肉之中，而读者的阅读正在于透过表层的血肉把握内在的骨架。

在整体阅读之后，要反复咀嚼，追问"作者细部说了什么，怎么说的"。通过画线、星号、在空白处编号、在空白处记下其他的页码等方式，深刻理解核心要点，概括每一章节内容，然后将书中重要篇章列举出来，说明它们如何按照顺序组成一个整体的架构。这样，你就会更加清晰理解作者思维脉络，更加透彻理解其观点。

以上阅读，仅仅是单方面明白了作者说什么，但真正读懂一本书，还在于和作者展开对话、交流，进一步追问"这本书说得有道理吗？是全部有道理，还是部分有道理？"

阅读就是一场对话，读者是最后一个说话的人。是否能与作者展开对话、辩论，是阅读力高低的主要标志。读书不仅要读出言外之意，还要写出言外之意；既要明确是赞同还是质疑，还要说出赞同的理由和质疑的原因。批注是非常重要的阅读方法，通过在书的页眉、页脚和其他空白处批注，读者可以随时和作者进行对话。许多人在阅读中不自觉入睡，就是因为缺乏主动阅读的品质，没有和作者进行对话。作批注首先会让你保持清醒而不是昏睡；其次，只有通过书写，才能检测自己是否真正理解，如果说仅知道自己在想些什么，却说不出来，其实是并不知道自己在想些什么；再次，将阅读的感想写下来，能帮助你记住作者的思想。

这也是新教育网络师范学院为什么非常注重批注的原因，虽然批注式阅读非常慢，而且自己的理解也不一定准确，但它能保证阅读的过程精神高度集中，并且是逐字逐段思考的。从这个角度讲，对一本书的理解过程就是不断补充、修正批注的过程。如果短缺这一过程，在讨论时就容易导致脱离文本，自说自话。

进行了以上三个层次的阅读，仅可以说基本读懂一本书，但还不敢说读出了自己，不敢说书籍已经深刻进入生命。我们还需进一步追问“这本书跟我有什么关系”。

如果缺乏这样的追问，知识还是停留在理论、概念层面，而不能融入自己的生命，不能和当下相结合，还不能启迪心智，化为自己的“知识武器”。一本书所阐述的问题是整体的、共性的，而读者所读出的应该是个性的，是和自己的当下结合的。正如同样阅读《爱的艺术》，青年人可能收获了如何正确认识爱情，而老师却思考的是在班级管理中，如何恰当地平衡父性之爱和母性之爱，如何在教育学生时，正确发挥爱的力量。只有能将书中的知识和自己的当下结合起来，才能说在阅读中读到了自己。

五

知道阅读方法并不等于掌握阅读方法。如果不去实践运用这些规则，那么即使你把这篇文章背下来，也无济于事。

人总是习惯依照自己的固有经验来应对外界。要培养正确的阅读方法除了刻苦地练习，不断地运用，别无他法。刚开始运用时，会感觉阅读速度缓慢，理解非常困难，甚至痛苦，但这是你通往自由王国所必需的。再优美的滑冰高手，也是在笨拙蹒跚和跌跌撞撞中起步的。只要坚持不懈，勇猛精进，坚持按照规则来阅读，慢慢就会得心应手，思维力大大提升，阅读的能力和速度也将有质的变化。

六

从根本上来说，阅读力关涉的不是智力和方法的问题，而是存在的深度，是经历与经验。唯其如此，才能以同理心进入作者内心，感受和把握语言欲抵达而未抵达之处。只有不断增加自己存在的深度，为存在增加力量，才能避免游离于词语的表面，抵达名家之作的根底，感受其生命气息。而反过来说，不断地啃读大家之作，又会增加我们的理解方式和存在深度。这是一个循环过程。

一本本大家之作静静地躺在哪里，有待被“吻醒”，你会是那一个幸运的王子吗？

25. 学习力

说来令人感慨,《教育的目的》第一章,阅读、批注也不下十次了,但为了准备周末的共读而再次阅读时,还是有许多新的收获。

难道是因经典而常读常新吗?我觉得还是自己的学习力的问题。

“读过”不等于“读懂”。

近期,一直在思考一个问题:为什么同样阅读一本陌生、难啃的书,有的人能透彻分析、直抵要旨,进而转化为自己的智力“武器”,而大多数人却不甚了了,只记了几个概念名词就束之高阁?

你可以从兴趣、智力、阅读基础等方面寻找差异,但这些都不是根本所在。归根到底,你不得不承认,人与人的学习力是有差异的。

有的专家按照学习力的不同,把求知者划分为四种类型:

第一种是早凋型。这类人多数在青少年时期接受学校教育,一般取得了初中或高中学历,掌握基础知识,具有通过学习获得知识的初步能力。往往在16—20岁,学习力登上高点,此后学业松懈,学习力趋降,如盛开的鲜花,过早凋谢。这类人多处在社会中下层。

第二种是中庸型。这类人多数在获得高中学历之后,学习力继续向上攀登。继而在高等学府深造,并取得相关专业知识、专业技能。至此,学习力已经登上一个新高度,但随后终止了上升趋势,缓慢掉头下行。这类人多是社会中间势力。

第三种是卓越型。这类人离开学府,进入社会后,并没有间断学习,而是开启“第二次学习”,学用结合,在做中学,学习力继续向高位强势攀升。在职业生涯结束之际,学习力登上最高点,随后缓慢下降。这部分人多出在社会上层。

第四种是睿智型。这类人一生当中,学习力始终保持上升趋势,直至生命终结。这是全智人生,也是智慧人生。这类人是出类拔萃的顶尖人才。

这样的划分虽然能从一个角度让我们明白卓越和平庸的原因何在,以及自己所处的类型,但如此静态的分类并不能解决我们遭遇的真正问题:如何提高我的学习力?

带着这个问题,我进行了长时间的思索并仔细阅读了若干卓越人物的传记和自述,发现那些具有超强学习力者总有一些共性之处。

一

学习力首先表现为专注力。

能长时间专注于一项有难度的工作，是学习力的显著特征之一。对大多数人而言，做到这一点是不容易的，在媒介多样、信息发达的今天，我们随时随地都面对来自电视、报纸、手机以及网络中繁杂信息的侵扰，这种不断的刺激有可能会让人逐渐上瘾，不停地想追求新事物、新刺激，不停地愉悦自己。当没有新鲜有趣的事物时，可能就会感到无聊，无法集中注意力。有了这种习惯，当遭遇有难度的文章时，很难长时间聚精会神琢磨推敲，总想在很短时间内把握要旨。这也是今天为什么网络文学、搞笑段子、心灵鸡汤盛行而经典诗歌等作品衰落的原因。

我最初写文章的时候，上着腾讯微博，写一会儿，就不自觉想浏览一下，看看有什么新内容，注意力经常被分散，写作效果非常差。后来，在写文章或有其他重要事情时，就关闭这些即时通讯工具，保证专心于事。

学习力超强的人，能连续几小时、几天、几周乃至几年长久地沉潜于一项外人看来艰苦、枯燥的工作上，为之朝思暮想、寝食难忘。久而久之，转化为潜意识。当有了这种潜意识时，你可能在做另外的事，但潜意识中还保留着对所关注内容的思索。这时，往往会在风马牛不相及的情境下产生触类旁通的顿悟。

美国国际象棋大师、太极拳王乔希·维茨金在他的《学习之道》中记述了这样的时刻："记得一个暴风雨的下午，我坐在百慕大悬崖上，看着海浪拍打着岩石。我的目光停留在了涌回大海的潮水中，突然间，数周来一直让我苦思不得其解的象棋难题有了答案。还有一次连续 8 小时完全沉浸于一个棋局的分析中。这时，我对太极有了突破性的理解，并在当天晚上的课上成功验证了这一点。伟大的文学作品可以激励我在象棋学习中取得进步，在纽约马路上的跳身投篮让我对流动性有了更好的理解，并可将此用于太极中。作为自由潜水者，在水下 70 英尺屏住呼吸可以让我在世界象棋或武术大赛期间缓解压力。"

要保持长久的专注力，必须有意识训练抗干扰力。人们习惯于在做一项重要且有难度的工作时，有意识选择安静、干扰少的大段时间。许多优秀者在早晨、晚上来写作、阅读，主要原因就是这段时间干扰少，有利于专注做事。但常人都生活在现实中，尤其是人到中年，事务繁多，一般人很少有大段清静的时间，这就需要有意识训练抗干扰能力。不论是在嘈杂的大街上、公园里、公共汽车上、地铁上，还是在人来人往的办公室，气味混杂、人声鼎沸的饭馆里，尽力让自己内心平静，凝神静气，不受外界干扰，思考自己关注的内容。久之，你会养成一种终身受益的，在任何时刻、任何地点都能专注做事的习惯和能力。

二

学习力强的人常有意识地突破心理“舒适区”，到陌生领域探险。

人在自己擅长、熟悉的领域得心应手，没有压力，总有一种安全舒适感和自尊感，所以，容易满足停顿于自己的“舒适区”。但如果一味地留恋这种“安全区域”，害怕丢掉自尊和面子，不去尝试挑战新鲜的事物，害怕不确定性的未来和事情，就会故步自封。

走出“舒适区”，意味着遭遇失败的可能性，但如果不能突破这种恐惧失败的心理，就很难突破自己，难有大的改变和成长。乔丹是NBA历史上在临近比赛结束时投球命中从而为球队取得胜利最多的人。殊不知，乔丹也是NBA历史上在临近比赛结束时投球没有命中从而使球队输掉比赛次数最多的人。乔丹之所以伟大并不在于他的完美，而在于他乐意把冒险作为他的一种生活方式。

走出“舒适区”，意味着要付出更多的艰辛、时间、汗水，甚至泪水。犹如初学轮滑时的蹒跚笨拙，你除了要遭受一次次摔倒的疼痛，还要忍受旁观者的嘲笑；犹如初学游泳时，付出极大的体力，却仍然避免不了一次次的呛水。想想一个成年人开始走上自学英语的历程，不就是求学路上的愚公和精卫鸟吗？

然而，真正的价值恰恰在于跋涉过程中。当登山者栉风沐雨，一步步把座座高峰踩在脚下时，他不仅饱览了险峰的无限风光，而且获得对自我的极大信心。这种历经艰难，克服困难后的信心将给自己一种真正的安全感，让自己在任何困境时都能把控自己的命运。这种信心也将给自己极大的勇气在迈出“舒适区”的路上走得更远、更开心。

回想自己，文科出身，理科短板，文史哲是我的“舒适区”，而对皮亚杰、维果茨基的认知心理学就生疏许多，故决心表白许多次，但还是畏难不前，应该深思。

三

早晨，发了一则微博：最精深的技巧往往建立在最简单原始的原理之上。

许多新教育网络师范学院学员惊叹有些讲师对文本深刻、敏锐的洞察力，我也一开始认为此乃天才，非我等愚钝凡夫可比。如果不承认人天资有差异，这也是不现实的，但当我看到他们为了主持课程而批注过的书籍上那密密麻麻的勾画、批注痕迹后，汗颜不已。

“天才是百分之一的灵感，百分之九十九的汗水”。反思自己的阅读过程，还是取巧、偷懒了。粗枝大叶，蜻蜓点水，焉能读懂？

让我们攀上高峰的不是奇招，而是熟能生巧的基本功。

一位讲师在文章中写了自己读书的过程：

我的办法是下定决心：啃！

一字一字地阅读，遇到要点或精辟之处，就大量地勾画出来，偶尔也做批注。

读完一个时期后，会发现一合上书，几乎忘得一干二净（这其实是错觉），于是翻开书再读，再批注。

每一次读，都非常自觉地边读边思考与前面内容之间的联系、区别。

再尝试提炼要点，结构化，有时候用 PPT（画图，或脑图），有时候在 word 中用表格。

最后，我想到这些哲学史的演变，是与时代背景息息相关的，又通过百度研究了一下希腊历史的演进概貌，并且与哲学史相对照做成表格（就是大家课堂上看到的样子）……

经过这样的学习，希腊哲学就在我的大脑中被结构化了，我熟悉许多细节，以及希腊哲学的来龙去脉。

细看这样的阅读方法，基本没有什么秘籍可言，无非是老老实实下苦功啃读而已。但为什么我们就做不到呢？

其实，已经不是一个“我理解不了”和“我学不会”的问题，而是一个“我为什么要这样做”的问题。也不是一个阅读方法的问题，而是一个“我以什么存在于世”的问题，是一个涉及信念、价值观的问题。

在一心求取成功捷径、成名妙方的功利心灵里，在成名要趁早、利益最大化的浮躁心态下，这样“原始”的啃读方法显然是不经济划算的。

如果读书仅仅是为了消遣、炫耀，为了寻求心灵的安慰、现世的解脱，如果教育仅仅是我们谋生的工具，如果学习永远是为了外在的考试、职称、荣誉等，那么，学习永远是外在于自身的一种苦差事。只有当我们的工作超越功利境界而成为自身的一种表达的时候，学习才能成为一门真正的艺术。

四

关于学习力，还有许多共性，比如强大的信息搜索力、化劣势为优势的能力、自我控制力等。

但从根源上，你会发现，那些学习力超强的卓越者，有很强的存在感，他们不是在追求某项技艺、学问的精湛、精通，而是通过对某项技艺和学问的研究学习来探索自我。

探索自我，才是真正的奥妙与神奇所在。

26. 我的琴声，你能懂

一

如果爱上一个人，总能找到会见的理由，总能抽出问候的时间，总能貌似偶然出现在他经过的马路上，总能找到聊不完的话题，总觉得彼此有那么多共同点。不嫌路远，不嫌等待时间长，不怕丢了面子，不怕丧失尊严……

为什么？因为有爱。

而如果不爱了，虽然口头不否定，但总找不回曾经怦然心动的感觉了。即使见面了，聊几句就觉得无话可说。如果不爱了，话语可能更委婉、动人了，但透过各种优美言辞你只能感受冷冰冰的不爱之情了。

爱，就是爱；不爱，就是不爱。如果不爱，还愁找不到几条合情合理的理由？说不出几句诗一样的语言？

我当然不是在谈爱情。

对一项事务，重视，就是重视；不重视，就是不重视。重视与否，不是看说得如何慷慨激昂，而是看做得如何扎扎实实。很多时候，再多的原因，也掩饰不住三个字——不重视。

为什么单位严管八小时上下班时间时，所有人的个人事务、家庭事务仿佛就安排好了？反而管理宽松的团队，个人的事务越多呢？为什么对重要的约会、重要的面试、重要的考试，很少延误时间？为什么主持会议者，基本不迟到，而参加会议者，总会迟到？

核心在于，重视还是不重视。重视了，总能排除万难；不重视了，总能找到理由。当然，我不绝对化。有时候，即使重视，也有特殊时候。但这是小概率。

二

在海南的时候，我承担了新教育网络师范学院几个学期的授课研讨任务。开学初，就把一学期学习的具体时间全部确定。为了保证授课准时进行，我从一开始就对工作、生活、学习进行了综合调整，但还是难免有突发偶然事件。记得有一次，教育局局长及各位校长请我吃饭，还有单位领导参加。如果参加完晚餐，肯定耽误研讨时间。为此，吃饭开始时，我就对局长和师院领导表示，晚上有重要学习，只能待半小时，希望理解。局长和单位领导非常理解。半小时后，我从市区开车一小时山路回到乡下宿舍准时主持学习研讨。

还有一段时间，学校经常断网，而且不规律。为了预防研讨过程中网络中断，我购买了无线网卡。果然，有次主持中间，网断了，我迅速插上网卡，主持结束，网络费花了 100 多元。

这些研讨主持都是义务、无偿的，但我重视。既然承担了，就是责任，就要"把信送给加西亚"，而不是找理由推脱。言出必行，方能赢得他人认可。更重要的是，每次主持研讨，都是自己难得的学习机会。

那时候，半年才能回家一次，与爱人孩子相聚时间，格外珍惜，都是数着日子在过。2011 年暑期，五指山市教育局领导对我说，暑期有到新疆开会的机会，可以给我报销全部费用。我有点心动，但觉得和家人团聚重要，就拒绝了。后来得知，新教育研究中心要在罕台举行共读，为期十天。去还是不去？颇为踌躇。最后决定去，因学习机会难得。

那时候，空前地认识到提高自我、专业发展的重要性，所以总能挤出时间，腾出精力，不计报酬，甚至贴上钱，牺牲与家人团聚的宝贵时间学习。如果不重视，在海南钓鱼、野炊、喝茶、烧烤的时间和机会要多得多……

三

我们常常对一次饭局、一场电影、一场球赛、一次出游非常重视，准时参加，不惜费用，却对买一本书、听一次讲座、参加一次共读，对这样提升自我的机会和方式却舍不得花费，难以保证时间。

是的，不是所有的阅读都有意义，不是所有的共读都有收获。但意义与收获也是相对的，今天没意义不代表未来没意义，在这儿看似没意义，不代表在其他地方没有意义。而反过来说，今天有意义也不代表将来有意义。世界上没有无用的学问，只有学不精而不会用的学问。何况，是否有意义，取决于自己的投入。投入了，倾注了，"热恋"了，意义才会涌现；如果仅仅是蜻蜓点水、走马观花，那么即使有意义的东西摆到眼前，也会视而不见。

有人说球赛、饭局、电影等有趣，而阅读、学习、共读等乏味。那只是说明你感受到了感官之乐，而没有领略到精神之乐；只是说明我们的生命可能被遮蔽了一部分，潜力远远未发掘，自己还不了解自己。

是的，如果是易中天、俞敏洪这样的学术明星、成功人士主持讲座，我们一定会克服困难准时参加。但易中天成为易中天，俞敏洪成为俞敏洪的原因绝对不是整天与大师、专家在一起，而是付出了我们难以想象的孤独探索与辛苦汗水。如果把成长的条件全部建立在依赖优越环境下，恐怕能够成长成功者很少，毕竟，这样的条件是很少的。而对于一个有心的人来说，生活中处处是课堂，处处有值得学习的知识。生活不是缺乏美，而是缺乏发现美的慧眼。

四

人到中年，许多问题不再是问题。比如，不会去考虑，大家不来参加共读，自己没面子；几个人参加共读，场面没人气。要面子干什么？要人气干什么？如果是要面子，要人气，就不会做这些对许多人来说是“徒劳无功”“多此一举”之事。

只是想做一些真正有意义的事情，但这些意义不是建立在外界的反馈与他人的奖赏上。尤其是在今天这样的环境中，在做共读之前，我已经考虑到了所遭遇的一切。做了，就是意义，总有人在擦亮星星，总有人在沙滩上往海里捡小鱼，至于结果如何，与自己何关？成为一个太阳，只管发热即可，至于他人是否感到温暖，与己无关，何况有人还会觉得太灼热，不舒服。但只要发光了，总会有人感到温暖。上天不亏待任何一个虔诚者。

只是想汇聚一些爱好相同者，汇聚一些终身挚友，一起在学习成长的路上浴血奋战、翻山蹚河……

只是想我们相聚一场，情深意长，战友们付出甚多，而我无以回报，共读是我能给大家的唯一福利。

只是相信，你，我，我们，在内心深处，已经共鸣。

我的琴声，你能懂！

27. 学习希望

曼德拉走了，永远离开了这个世界！

在这个星球上，每天有成千上万的婴儿呱呱坠地，也有成千上万的人，犹如一粒粒灰尘，悄然消失在茫茫太空，无声无息，永远消逝。只有少数人，因彰显了人性的高贵与庄严，因为印证了人类在某一领域抵达的高度与深度，因影响了人类的历史进程，所以，在人类历史的天空中，他们虽然犹如流星一样短暂滑过，但“星光”永远璀璨。

斯人远去，灵魂永存，并不断照亮后人。

在微博上不断刷新的关于曼德拉生平简介、趣闻轶事、精华语录中，一则短短的话打动了我：“生命中最伟大的时刻不在于永不坠落，而在于坠落后总能再度升起。”

我从中读出了：信念与希望。

一

希望是需要学习的。

回顾走过的路，在校园长大，在校园求学，然后在校园工作。当初，选择教书这份工作，既谈不上十分喜欢，也谈不上十分讨厌，只是水到渠成，顺其自然而已。前六年工作，每年皆有新变化、新挑战，从班主任、团委书记，到校报主编、年级主任，角色不断变化，从高一、高二到高三、高补，挑战不断增加，外在的变化逼迫你不断调整姿势，以最佳的角度切入不断变化的轨道中，这一阶段的生命特征是：新鲜与激情。

然后，也就是从第五个年头开始吧，随着工作的不断重复，自身没有实质性的提升，逐渐心生对教育的倦怠：教学基本是把教学参考书原本复制到课堂上，说一些连自己也觉得索然寡味的话；工作的全部目的就是培养几个能触及高考线的学生，然后赚取学生、家长和领导的赞扬；教育变成了“维稳”，工作成了劳役，而自己也沦落为一个愤青，对工作不满，对生活不满，而根源上，其实是对自己不满。

对世界的不信任，根植于对自身的不信任。

看不到未来，也就失去了存在与挑战的勇气。

带着对自身的不满，选择了改变环境，但再肥沃的土壤也孕育不了干瘪的种子。就这样，在彷徨中踟蹰，在沉沦中挣扎，在迷惘中摸索。这一徘徊，就徘徊了三年，直到有一天开始倾听那些卓越者的声音：从孔子、王国维、叶嘉莹、朱永新、李镇西、王荣生、王晓春，一直到苏霍姆林斯基、怀特海、阿德勒、海德格尔、巴雷特……

生命的种子开始湿润并逐渐饱满，逐渐散发出自然的芬芳。

还记得2009年那个在乡下支教的冬日，窗外原野苍茫空旷，雪花飘洒纷飞，寒风凛冽，屋内温暖如春，自己俯在课桌旁，一字字敲出阅读李镇西老师《从批判到建设》后的感触：

"几年过后，学生带了一两轮，成绩也稍微有点了，对学生的抱怨多了，对教育制度的指责多了，对学生的一些行为也麻木了，组织活动也没有兴趣了，觉得教书也就那个样了，慢慢对这周而复始的工作有点懈怠了，棱角磨圆了，环境熟悉了，日子平凡了。这时，开始慢慢向教书匠靠近了。此时，从学校流水线上滑出的不仅是一个个缺乏个性的学生，而且也复制了一个个匠气十足的老师。而李镇西老师没有沿着这个轨迹前行，他一次次击碎岁月在心灵上结下的老茧，一次次在教育的前沿阵地上发起攻击。有彷徨，更有呐喊；有理论，更有实践；有批判，更有建设。一期期班级日报仍如当初那样新鲜，一次次活动让李老师永葆青春活力，一次次教学上的探索和突破，一篇篇文章的问世，一本本书籍的出版，年龄在增长，心灵永年轻。"

真实的希望不是一种认识，不是认识到就能够获得的，不是我知道希望很重要，就可以拥有希望。真实的希望绽放于失望与挫折的废墟中，突变于危机与威胁的胁迫中，"它只由经历了沉重的生命危机之后，学会了放弃其固有愿望而把自己完全寄托于无法预测的未来的人产生。只有当这种希望摆脱了对种种将发生的事物的特定想象之后，才是真实的希望。"(《教育人类学》)

唯有放弃了对一个个具体目标的希望(因为只要是具体的，就有失败的可能)，而从内心生发出抽象的，仅是对自我生命的希望时，这种希望才会产生巨大的力量。这种希望不同于《犟龟》中的希望，犟龟的希望是一种对自己生命的绝对信任，坚信生命能遇到庆典，即使遇不到二十八世狮王的庆典，也会遇到二十九世狮王的庆典；而真实的希望是生命在遭遇了危机、挫折、失望之后燃起的对自我和未来的绝对信任。真实的希望，是对信任的信任，对希望的希望。如果说犟龟的希望处在怀特海所说的浪漫阶段，那么，真实的希望则处在综合阶段。

当存在主义为我们描述出了一个存在即虚无、他人即地狱的世界，当存在主义告诉我们人生本无意义与价值时，人之高贵处正在于能在虚无的废墟上，通过自身的行动与创造重新燃起希望之光：

从明天起，做一个幸福的人
喂马，劈柴，周游世界
从明天起，关心粮食和蔬菜
我有一所房子，面朝大海，春暖花开

从明天起，和每一个亲人通信
告诉他们我的幸福
那幸福的闪电告诉我的
我将告诉每一个人

给每一条河每一座山取一个温暖的名字
陌生人，我也为你祝福
愿你有一个灿烂的前程
愿你有情人终成眷属
愿你在尘世获得幸福
我只愿面朝大海，春暖花开

二

对世界的希望源于对自身的希望，对自身的希望源于生命的不断丰满、提升与成长。希望的大小取决于生命的厚度与高度，取决于精神格局。相比之下，狮子要比绵羊更对世界充满希望。

只有自己不断提升，不断擦亮观察世界的眼睛，才能真正洞察种种扑朔迷离的现象，才能全面理解形形色色的他人。

只有不断更新、完善自己的知识结构，才能敏锐捕捉问题症结之所在，并提出最优化的应对措施。

只有历经一次次艰难的突破，才能理解生命的奇妙与魅力。

只有运用智慧突破一个个纷纭复杂的难题，才能对自己产生强大的信任与希望。

很难想象一个对自己失去信心的人能对他人充满信心，理解不了自己也难以理解他人，无法和自己相处的人，也很难和他人相处。一个生命干瘪的教师，教育教学总容易在“术”的层面徘徊，真正好的教学来自于教师对自我本质身份的认同与自我生命的完整性，教育家与教书匠的区别在于，前者自身与学科融为一体，自身就是语文课、数学课……而后者往往把自己置身于所教科目之外，疏远了学生，疏远了学科，也疏远了自身。

希望是一种根本的姿态，它在绝望中绽放与自我证明，这种姿态会体现在每一件具体的事上。

拥有"真实希望"的人会非常自信，他不再迫切地追逐外在声名和荣誉来证明自己是行的；他会非常从容，对儿童充满无限信任，拥有极大的耐心，不会把自己的惶恐投射到教室里和生活中；他会非常优雅，不再单纯把此生的意义建立在他者的身上，而是力求让生命散发出自然的芬芳；他将异常坚韧，即使遭遇挫折、失败，也敢在失败处信任；他依然对这个世界保持怀疑，但"看透这个世界，依然爱它"。

周四研讨《教育人类学》时，新教育网络师范学院一位讲师与一个学员的对话深深击中了我：

"有时候，我们要体会一下我们的生命气质与经典之间的微妙的关系，以免除某些无效学习，不过一般人经常会不自觉地落入陷阱，从而很难让读书成为打开自己的过程。你有个优势，是愿意学习，愿意反思。但由于生命气质的原因，很容易导致选择性反思。你可能一直在阅读，但很难出现质的突破，因为你无法自觉地引入异质的元素进入到自己的生命。"

所谓"异质的元素"就是和自己生命气质不符合的知识，文学的气质很难融合理科的严谨，人文的气质很难兼容技术主义的逻辑。很多时候，如果不注意打通与其他学科的联系，所谓的自由和希望，可能只是在封闭的逻辑中自我陶醉，气球虽然可以吹得足够大，飞得足够远，但一根针就能将其打回到地面。

在网络师范学院的学习，之所以让许多老师畏惧，就是因为其学习内容和路径与日常的专业发展有着根本性的不同。对绝大多数一线老师来说，吸收的是"异质元素"，所以，其过程非常艰难，但只有穿越这种艰难，才能重塑对自我、对教育的真实希望。

新教育就是在培植这种根本的希望。朱永新老师的伟大之处不在于他发现了中国教育的弊端，而在于能面对教育现实，提出清晰的路径，重新点燃众多一线教师的希望，激发出寻找理想教育的信念，让老师在教育生涯中体验幸福与自身价值。

新教育研究中心的意义不仅仅在于开发出了多少理论，出版了多少书籍，而在于在艰苦的环境下，在生源薄弱的条件下，通过一步一个脚印的行动，创造了乡村教育的奇迹，让众多对教育失望者看到了希望。

曼德拉的伟大，也不在于其是理性睿智的思想家和治国有术的政治家，而在于其自我牺牲（战争时，牺牲了人身自由；和平时，牺牲自己的权威）和宽容他人的博大胸怀。正是其崇高的人格让南非土地上的黑人和白人摆脱了奴役循环，看到了明天的希望。

三

怀特海说，教育的本质在于它那虔诚的宗教性。

学习希望，就是要在内心确定一个原点，但这个原点不可能通过论证推理求得，而只能以虔诚的方式确定。当内心真正确立这个原点后，你的人生态度、教育态度将焕然一新。

这种真实的希望将内生出做人的责任和社会责任，内生出对人、对生活、对世界神圣的宗教般的崇敬，内生出对世界、对事物发展过程和其整体存在的潜在活力的领悟力量；内生出自我智力发展的不竭动力。

眨眼又是年终，年初的梦想还散发着余热，一年却匆匆而过。回想一年，大多时光仍然在琐碎、庸常、忙碌中消磨，岁月不会因你的梦想而显现出过多的温情。但不管怎样，在这个即将辞旧迎新的寒冷冬日里，我仍然会像一个任性的孩子一般——向着未来述说梦想，拿出蜡笔画下明天！

28. 板着面孔的“经典书”

一

在今天的阅读中，我们潜意识总是向“资讯”“时尚”“休闲”“心灵鸡汤”“通俗”之类的书籍靠拢，这样的书籍仿佛一个个帅哥靓妹，赏心悦目，沁人心脾，太给力了。而对于经典书籍，虽然明白其重要性，但就像面对一个总是穿着中山装、板着面孔的长者一样，只能敬而远之，虽然知道“他”说得有道理，但实在是没有趣味，何况说得也太晦涩了，往往是读了一大半，脑海里不知所云。

如果经典书籍是原汁的“蜂王浆”，那么时尚书籍就是兑水的“蜂蜜水”。阅读时尚书籍，犹如儿童在沙滩上悠闲地涂鸦；阅读经典书籍犹如雕刻家在花岗岩上精雕细刻。沙滩上的涂鸦，风吹水过就烟消云散；而经过斧头、刻刀精雕出的雕塑却历久弥新。

南圣学校听课结束，准备开车走时，平时一向内敛的汉忠诚恳地说：老师，读书有什么方法？我们读《给教师的建议》往往读不懂……

我知道，这是很多老师真实的感受。“是经典过时、不能与时俱进，还是自己理解力、阅读力不高？”这样的困惑也曾经困扰了我若干年。

时至今日，我终于明白：当岁月的风拂去喧嚣的浮尘后，裸露出来的书籍上永远篆刻着两个字——经典。之所以成为经典，就在于其不仅不会过时，反而是历久弥新，自己的阅读力不高才是不争的事实。在读书方面，作为老师本应该成为受过专业训练的“职业运动员”，而实际上大多数还停留在“业余水平”的阶段，不论是教育现状还是我们自己均是太注重“鱼”，忽视了“渔”，导致我们只能拥有在小溪边垂钓小鱼的闲情逸致，而丧失了剑指远洋捕获鲸鱼的魄力和智慧。

曾经沧海难为水，除却巫山不是云。品尝了原浆发酵的茅台酒，你就再也喝不下勾兑的高粱酒；穿越了经典的书籍后，也不能忍受时下众多畅销书的浅白。你将拥有一双“火眼金睛”，许多平时看上去深奥的书籍，你会一眼洞穿“真面目”。更为关键的是，你将拥有侠客背上那一剑封喉的宝剑，而不是道士手中来回摇荡的拂尘。

李镇西曾说：每一位教育家、教学名师背后都站立着一本经典名著。

对教师来说，《给教师的建议》永远是不朽的经典书籍，永远应该成为所有教师的必读书目。虽然，很多人视之晦涩，误认为过时。

二

本周在毛道学校、毛阳学校、南圣学校听课。符汉忠、黎培刚、韩洪畴和陈思思呈现了四节非常有价值的课。是否有价值不以成功与否为标准，而在于课堂是否呈现、暴露了有价值的内容，是否能引起听课者的深入思考。有价值的课往往比较成熟，但在核心问题上处理或者非常绝妙，或者留有遗憾，“绝妙”和“遗憾”给听课者留下了思考、争鸣和探索的空间。有的公开课很完美，完美得像一台精致的话剧，只能感觉到虚假；有的课问题太多，太多浅显的问题遮盖了核心问题。这些都引发不了有价值的思考，这样的课都不是有价值的课。

之所以称四位老师的课为有价值的课，在于他们的课能引发对苏霍姆林斯基的一个核心观点——“交集点”——的思考。

我们先来看，苏霍姆林斯基在《给教师的建议》第 8、11 和 21 章对课堂“交集点”的描述：

“在备课的时候，你要从这样的角度对教材进行深思熟虑：找出因果联系正好在那里挂钩的、初看起来不易觉察的那些交接点，因为正是在这些地方会出现疑问。而疑问则能够激发求知的愿望。”

“有经验的教师都特别重视让学习有困难的学生集中注意教材中的一些‘点’，这些‘点’实质上就是因果联系，即知识的基础。”

从以上描述中可以看出，“交集点”是新旧知识的交接点，是学生容易产生疑问的地方，往往是课程最有价值的地方，它能激发学生的求知愿望，但往往容易被人忽视。

根据苏霍姆林斯基的描述，我将“交集点”描述为：(1)教材中前后知识的联系之处；(2)教材中容易被学生忽视的关键点；(3)教材中的信息似乎相互冲突的地方；(4)教材中与学生原有经验产生冲突或落差的地方。

三

韩洪畴上的是“小数的乘法”，教学中的难点是让学生正确标出得数中小数点的位置。课堂分几个层次：第一，复习知识。出了几道题，让学生复习小数的加法和小数乘以整数。第二，提出新知识。3.6×2.8，两个学生上来，一个积是 100.8，一个是 10.08。第三，回到旧知识。演算一个整数乘以小数的算术题：46×0.3，贯通知识的前后联系。第四，再次回到 3.6×2.8 和 36×28 的关系，因为 3.6×10＝

36,2.8×10=28,所以,36×28 的得数 1008 要缩小 100 倍才是 3.6×2.8 的积,即 10.08。然后老师告给学生两个乘数有几个小数点,就在积上从右向左退几位。第五,大量练习。学生上讲台和在练习本上演算课后练习题。

从课堂步骤来看,遵循了复习旧知识——提出新目标——分析内容——检查练习的结构,是符合一般课堂教学流程的。但从课堂联系来看,许多学生没有掌握。原因在哪儿呢?

核心原因在于没有重点突出"交集点",学生在"交集点"上没有真正弄明白。3.6×2.8 和 36×28 的积的变化就是前后知识的联系之处,就是"交集点",在这个知识点上,老师的不足之处是:练习少,不透彻,没有引起学生的真正注意,不是学生自己观察到变化的规律,而是老师说出来。在学生还没有真正掌握规律后,就开始大量练习,导致学生将注意力转移到演算本身,而不是小数点位置的确定。

我提出如下建议,即随着课堂的进度,老师出示三组练习题:

11×13	12×13	36×28
1.1×13	1.2×13	3.6×28
11×1.3	12×1.3	36×2.8
1.1×1.3	1.2×1.3	3.6×2.8
0.11×0.13	0.12×0.13	0.36×0.28

这三组练习,本身的算式要简单,这样学生就不会受到演算本身的困扰,而将注意力集中到得数变化的规律。

三组练习的关键:(1)纵向比较,让学生明白小数乘法的积和整数乘法积的关系;(2)横向比较,让学生看出规律,乘数中共有几个小数点,积就从右向左退几位,然后标上小数点。

这时,"交集点"就解决了,再开始练习,效果就不一样。

培刚讲解的是"亿以内数字的认识与读写",问题和洪畴的类似,不再多言。

四

汉忠上的数学课是:认识几分之一。

教学步骤为:(1)写出二分之一,然后让学生认识分子、分母和分数线;(2)拿纸折叠成二等分和四等分,然后涂红其中一格,让学生识别几分之一;(3)讲解分数的写法;(4)开始练习。

从练习反馈的效果来看,学生掌握的情况不好,许多学生还是分不清楚。下课后,我留下学生,我把一张纸分成不均衡的三份,我问学生要涂出三分之一,如何涂?一个课堂上非常活跃的孩子上来,涂了其中一块,我问学生这是三分之一吗?全体学生不假思索说:"是。"

为什么会出现这种情况呢?

依然是没有把握“交集点”。这节课中的交集点有两处:一是分数的意义是什么,换句话说就是为什么要引入分数,这是新旧知识的交汇点;二是在分成几等分的时候注意“平均”两个字,这是学生容易忽视的地方。

我建议,上课后先提出三个问题:四块糖平均分给两个人,每人几块? 两支铅笔,平均分给两个人,每人几支? 一块蛋糕,平均分给两个人,每人分多少?

回答完三个问题,两个“交集点”就都解答了,三个题目中数量的变化就是前后知识的联系,并且引出了分数的意义,归纳三个题目中分物品的相同之处,就凸显出了“平均”二字。这样学生就明白了为什么要引入分数和分数必须是平均分割的认识。

五

陈思思上《珍珠鸟》一课,非常成功,是本学期我听到的最好的一节语文课,充分体现了她深厚的语文素养和对文章的解读能力。课堂遵循认识事物从整体到局部再到整体的规律,思路清晰,抓住了重点,上出了“语文味”,没有把语文课上成政治课。更主要的是充分抓住了“交集点”,从而把学生的思维引向深入,一次次让学生回归到文本,从而达到了教学目标。

这一课的教学目标是:理解“信赖就能创造美好境界”这一句的内涵。思路是:(1) 整体朗读文章,说出对珍珠鸟的印象,明白为什么叫珍珠鸟;(2)引导学生理解“信赖,不就能创造美好的境界?”这一句,讨论“谁对谁信赖”“从哪儿看出信赖的”“一开始就是如此信赖吗?”(3)引导学生理解珍珠鸟之所以信赖“我”的原因;(4)归纳主题。

这一课中的“交集点”有哪些呢?(1)“小家伙起先只是在笼子四周活动”,为什么到最后敢“爬到我的肩上睡着了呢”?(这是教材中信息相互冲突的地方)(2)在一般情况下,小鸟是见了人就飞的,为什么这只鸟,不仅不怕,“反而友好地啄两下我的手指”?(这是教材中与学生原有经验产生冲突或落差的地方)

陈思思的课中,第二和第三个环节其实就解答了这两个问题,通过这两个问题的解答,“信赖”在本文中的意义就凸显出来了。

当然,课堂也有不足,而不足之处主要还是在于对“交集点”发掘得不够。如果再提出一个“交集点”,那么文章的探讨就更有深度了:小珍珠鸟敢“趴到我的肩上睡觉”,你猜老珍珠鸟敢不敢呢? 为什么?

这样的“交集点”能激发学生的兴趣,能直达文章的主旨,能一次次把学生吸引回文本,也是教材中的有价值之处。

六

在毛阳学校听课的一天，是高兴的一天，也是感动的一天。因为他们在有意或无意中让苏霍姆林斯基的理论种子在教室之中生根、发芽，把“板着脸孔”的经典书籍变得和蔼可亲。

小学教学阶段的主要任务是什么？《给教师的建议》认为“就是让儿童学会阅读、书写，思考、观察和表达自己的思想”，同时书写和阅读都要达到“半自动化”的程度，即在书写和阅读时不把主要精力放在书写和阅读的过程上，而是用在理解和思考他所写和所读的东西的意思上。简单地说，就是培养一种学习能力，为将来初高中进一步深造奠定基础，而我们为了暂时的成绩，在课堂上往往忘记了这一点，仅仅关注“鱼”，忽视了“渔”。

要达到阅读和书写的半自动化，必须要让学生的阅读和书写达到一定的量，仅仅靠课内的时间是不够的。

三个月前，我第一次到毛阳学校听课。课余时间，学生在教室里和教室外吃零食的情形随处可见。上课铃响后，学生没有拿出课本，有的学生竟然不知道上什么课，课堂纪律非常糟糕。

三个月后，课余时间，韩洪畴所教班级的学生从班级图书角里拿出各种绘本如饥似渴地阅读。在陈思思上语文课前，学生就准备好了课本和《弟子规》。上课后，学生先将学习习惯的顺口溜背诵了一遍，然后整整齐齐地坐好。听到原来连课文都读不通的孩子们竟然能流利地背诵《弟子规》整整一章节的内容时，我无比高兴。这不就是在学会阅读、学会表达吗？课堂上，学生回答、思考、举手井然有序，紧张而不死气沉沉，活跃而不人声鼎沸，习惯养成卓然有效。这不是临时演练可以达到的。

当新知成为旧知，当畏惧化为乌有，能给学生长久留下来的是什么呢？我想，是习惯，就是由习惯而内化成的品质，由品质而提升的信念吧！在临近期末的时候，我越来越想到下学期交接的问题，当看到实习老师来回奔波、起早贪黑扮演着或者是保姆，或者是警察，或者是监工的角色时，我在由衷赞叹的同时也隐隐担忧：如果下学期换了班主任，现在的一切能有多少保留下来呢？

当简单的打扫卫生还得班主任亲自当面监督，否则就不能完成时，我觉得这样的担忧不是杞人忧天。

七

其实“板着面孔”的不仅仅是经典书籍，而且还有一个冷冰冰的词——“执行力”。

执行力的背后是理解力，是热情，是态度，是觉悟。

细节见品质，课外方真实。我听课，喜欢早点进教室，看学生课外时间在干什么，看看教室里的布置怎么样。在毛阳学校，让我感动的地方很多，如卫生，如教室文化，如学生的礼貌，但真正让我感动的是看到黎培刚班级墙上贴出的“每周一事”：关于节约粮食的格言、知识和两首诗歌。

下课后，我为了检测这是应景还是真正在做，叫了几个学生过来朗读，两个小女孩流利地朗诵了两首诗歌，其中一个还能背诵下来。我问，这写的是什么？一个小女孩爽朗地回答，让节约粮食呢！

我知道，对于习惯将半盆米饭倒掉的黎苗族孩子来说，能够理解并接受这样的认识，是多么重要。将现代文明和传统文化中的精髓逐步渗透给学生，这是开展一切教育教学的出发点，而对于很多孩子来说，也可能就是归宿点。

所以，我在微博中写道：每周一事，其实是一生之事啊！

晚上，黎培刚打来电话，说要在餐厅的餐桌上贴关于节约粮食的小纸条……

八

今晚，我们又将开始共读“板着脸孔”的《给教师的建议》。

经典书籍不会因为我们的抗议、抱怨、反对甚至躲避而变得和蔼可亲、温文尔雅。只是，历史一再证明：一批批抗议者、抱怨者、反对者会随着岁月轮回而烟消云散，但经典书籍依然静静地挺立在那儿接受后来者的膜拜。

朋友说：但大多数人还是喜欢阅读时尚类的书籍啊？

我回答：所以大多数人就成了“大多数”。

29. 是的，我能

“一路走过来，你在没有背景、关系的条件下，遇到了很多困难。这些过程当中，你遇到的最大的困难是什么？是怎么样战胜的？”

“我最大的困难就是经常不够优秀，你要让自己更优秀。其实你一辈子遇到的困难就是这一个……”

这是白岩松在重庆大学演讲时和学生的一段问答。

“我最大的困难就是经常不够优秀”，看到这样的回答，拍手叫绝，回答得真是好。背景、关系，这都属于外在的、客观的，很多是自己无法改变的，这就是生活的现实；不够优秀，这是内在的、主观的，是可以改变的。也许这个回答不是白岩松生活的事实，但一定是人生的真实。

当许多人抱怨不遇“伯乐”，感慨怀才不遇，埋怨金子被埋没于沙土时，很少反思，自己是“千里马”“ 金子”吗？

当许多人把“现实的压力”“周围的环境”当作无所作为、一事无成的借口时，很少直面自己，问一问我们是很优秀了吗？

当然，面对困难，还可以选择退缩、躲避、绕道、等待。但你要战胜它，你只能选择——让自己优秀。

于是，我在微博上写下了这段话：

不是“现实如此，不得不面对，不甘又无奈”，而是自己经常不优秀。

最大的困惑，不在外界，应是自身。

一

为什么对这段话感触很深呢？因为我在和很多实习支教老师聊天时，希望他们能带领小孩子多读书、要加强课外辅导、要让学生训练有素等，听到很多感慨，抱怨农村小学生基础如何差、习惯如何不好、如何不听话、家长如何不配合等。

姑且不说现实的状况恰恰正是我们需要做的原因，试想一下，海口、三亚的小学基础肯定好，为什么我们不去呢？那儿会给我们提供如此的实习锻炼平台吗？

抛开这些，很少有人反思，我们是否真的很优秀，我们努力了多少。如果我们的努力就如气球一样，膨胀得很大，但一碰就破，那么，这还叫努力吗？不要抱怨环境，对于孩子来说，老师就是环境。

迎接挑战，从使自己优秀开始。

二

年轻的标志是什么？在我看来，就是敢于挑战不可能。

有一颗年轻的心远远比一个年轻的年龄更重要。

如果实习支教的过程那么顺当，没有任何奋斗和挣扎，没有痛苦、困惑，说明你已经是一个优秀的老师了，那还有必要下学期返回大学学习吗？

如果这一段实习支教的过程不是为了将来回忆当中，有一段纯净的如南圣学校河清凌凌的水一样的日子的话，回忆有什么意义？

如果实习支教的这段生涯，不能沉浸于教室，让教室因自己而不同；不能亲近孩子的心灵，让孩子因自己而改变；不能心无旁骛为孩子们或喜或悲，那么实习支教在人生中还有什么意义？

正是现实的落差，才有我们施展才华的平台；正是现实的落差，才是检验我们是否优秀的“试金石”；正是现实有落差，生活才增加了那么多的趣味。

不是吗？

三

我憧憬的理想是：

到达实习老师所带的班级，教室里干净、整洁、简朴而典雅，充满书香气息。孩子们活泼而文明，或者独自看书，或者几个聚在一起看书；还没有听到上课铃，就自觉安静地开始预习；上课了，课桌上整洁而有序，回答问题自信而响亮，记笔记迅速而条理，眼神里个个放光；下课了，课间操规范而整齐，在校园里，说普通话问老师好的大部分是实习老师带的班级……

我估计有的老师看到上述描述，已经嘀咕：这简直是天方夜谭。是的，如果连这样的憧憬也没有，那就连“夜谭”也没有。如果连“是的，我能”这样的自信也没有，那么也只能是空中楼阁。

达到的条件是什么？

不管承认与否，它取决于我们的决心和投入。尤其是后者。

我一直不想用这个例子来与我们的教学或管理作比较。但我常想：马戏团的老虎能穿过火圈，狗熊能站到木球上，难道我们管理、规范孩子行为比训练野兽还难吗?

不管训练野兽有什么秘诀,但离开巨大的投入和辛苦肯定是不行的,如果我们的学生达不到训练有素,主要是后者的原因。

四

本周,下发了关于开展“五个一”活动的通知。“五个一”当中的核心是读书。对于读书,主要有以下两点的认识:

有的担心影响了辅导的时间,进而影响了考试成绩;有的认为读书见效慢,不如抓成绩来得快。

首先,读书肯定会占用时间,但小学生的时间是很宽裕的,只要合理规划,读书和辅导的时间不冲突。何况占用时间也不一定会影响考试成绩,是否影响成绩,取决于老师的做法,而不是时间的多少。下一个肯定的结论:现在学生成绩的决定因素是课堂效率不高,而不是课外辅导时间不够,很多问题是课堂形成的。

其次,退一步,如果真的是扎扎实实读书了,学生喜欢上读书了,但考试成绩低了一点,只要不是低得不像话,收获还是比失去的多。如果失去,可能也是老师失去点,但学生一定不会失去。作为支教队的带队老师,我敢承受这些,你还怕失去什么?当然,前提是学生真正投入到读书中。

最后,如果学生真正大量地读书了,那么成绩一定不是低了,而是高了。上周我们共读的章节中,苏霍姆林斯基提出“两套大纲”,第二套大纲是第一套大纲的“智力背景”,第一套大纲掌握与否,取决于是否有足够丰富的“智力背景”。大量的读书就是提供这种“智力背景”。在小学阶段,让学生学会阅读,是非常重要的目标,起码要达到阅读的“半自动化”。这靠什么?除了大量的阅读,没有其他方法。所以,读书只是会促进学习,不会影响成绩。只不过,读书这朵花,有的结果早一点,有的迟一点。

五指山市小学生学习基础薄弱最重要的一个原因就是读书少。一个人各种品质中,喜欢读书是非常重要的一个品质。哪一个真正的成功人士是不读书的?现实的教育太急功近利了,太关注“有用”的,忽视“无用”的。白岩松说:“无用的事情做好了,有用的事情才会做得更好。”的确如此。

何况,如果我们不带领孩子们阅读从千里迢迢的忻州师院捐来的书籍,实在愧对如此关心五指山教育的学院领导,愧对那么多心系山区孩子们而捐钱的老师和同学们。仅凭这一点,我们就有责任和义务把忻州师院师生的爱心进一步传递下去。

一个人可以看不见,但不能没有见地;可以没有视野,但不能没有眼界。

对读书的态度就能看出我们是否有见地,有视野。

五

谈到读书，我想说，如果没有真正热爱读书的老师，要培养学生喜欢读书，那是不可能的。

其实，对于阅读真正困难的，某种程度上不是学生，而是老师。不是吗？当我们在阅读《给教师的建议》这样比较通俗的经典作品时，有多少能真正读懂呢？

什么样的书是好书？起码有三分之一你读不懂的书才是好书。只有真正重构我们的知识结构，真正在根本处激荡思维，进而改变我们的行动的书，才是好书。我们大部分阅读，只是将新知识纳入到原有的结构中而已，并没有导致新的结构产生。所以，读再多的书也是"书橱"而已。

有一条重要的读书原则：当阅读没有遇到障碍与困难，理解便不可能发生。读《给教师的建议》，如果就像学生读一篇课文一样，读下来没遭遇困难，这样仅仅是读完而已，不会有收获，因为理解就没发生。

当然，不是所有的书都需要如此"咬文嚼字"。昨天下午，我到图书室借阅了五本书，我用半小时的时间读完了《奥巴马传》。晚上睡觉时，用了半小时读完了《中国外交官在非洲》。读白岩松《你幸福了吗?》，我用了三个多小时。但我读薄薄的心理学经典《儿童的人格教育》用了两个月，读也很薄的《万历十五年》，用了一周。而苏霍姆林斯基的《给教师的建议》，我现在读了将近两年，但还不能说读懂，不是没有读完文字，而是没有读透彻。经典书籍，常读常新。

正因为有对经典书籍的咬文嚼字，才有对一般读物的一目十行，为什么？因为经典书籍会锻炼你的思维能力和理解能力。如果习惯了这样的思维舞蹈，你就能达到阅读一般书籍一目十行，迅速而准确地抓住主旨的能力。

六

下午，我读杜小彦交回的小组总结报告。"小组成员特别体谅组长杜小彦不能吃鱼，都没有吃鱼。"读到这儿时，这个细节感动了我。不由想起上学期，也是在水满学校，在支教结束时，学校王雄坚副校长想带实习支教的老师到五指山观山点看一下五指山的全貌，否则，在五指山脚下生活了六个月，竟然没有一睹五指山全貌未免太遗憾。当时，组长罗雪告诉我，他们不去了。我问原因，她说，因为羊兴贵脚崴了，不能行走，把他一个人留下不好，虽然兴贵让他们去，但全组决定要去都去，不能留下兴贵一人。

我知道，如果强调自由，强调自我，理由都是无懈可击而且很充分的："不能因为你不吃鱼，就让我们也不吃鱼吧？""不能因为你崴了脚就不让我们去观山吧？"

而且,在吃鱼问题上,爱吃的人占多数;在爬山的问题上,愿意爬山、能走的人是多数。如果按照平常的"少数服从多数"的原则,更应该是理直气壮、有理有据。

但老师们能主动为他人考虑,设身处地考虑团队每一个成员,尤其是考虑到属于"少数"的老师的心理感受,这就是可贵之处,这就是一种团队精神,是一个团队和谐的基础。小事不小,一件件小事温暖了彼此的内心,让每一个老师都有家的温馨,有亲情的温暖。这就是团队的和谐。

当然,在吃鱼上面,该吃也要吃,小彦喜欢吃的要有,大家喜欢吃的也要有。这样,各取所需,各吃所爱,其乐融融。

我想,这不仅是我的想法,也是小彦的想法。

七

本周,我在南圣学校听了符国仁、邢朝孟、云笛三位老师的课,并在那儿住了一宿。南圣学校小组此次给我最深刻的印象是团队里五个老师亲如一家人,相互关照,有争论但没有隔阂,有分工但不是"各人自扫门前雪,莫管他人瓦上霜"。晚修后,还要到图书室整理图书,直到十二点多才能回来。学校的领导和老师已经非常认可五个老师。在教学上,三位老师展示了良好的基本功,学校的教导主任在听完云笛的课后说:"这一次讲课比上次明显好多了。"这就是进步。

在评课中,我提出了几点带有共性的不足:(1)课堂的节奏不是按照学生的思维来进行的,而是按照老师预设的程序,学生对关键的、疑难的知识点不清晰,而老师则一笔带过,留下了"夹生饭",很多学生不会做题。(2)课堂练习少,注重了集体回答,忽视了个别提问,老师讲的多,学生练习和思维的时间少。(3)语文课的识字教学,没有进行"书空"练习,许多学生没有真正掌握汉字的书写方法。(4)学生缺乏训练,没有养成良好的学习习惯。

这也是许多刚登台老师存在的共性问题,希望老师们引起重视。

八

细节决定品质。这是我总结出的上一批支教老师成功的经验之一。

在南圣学校和校长聊天时,一个细节让我深思。我问校长,第二批学生怎么样,校长说很好,比另外一所大学的实习生好。旁边的副校长说,另外一所大学的一个实习生下午上课,但午休睡过头了,导致课堂上没老师上课,恰恰又被教育局检查组发现。

我在想,这是校长给我——一个外人提起其他实习支教教师的不足,那么我们的实习老师有没有类似看似很小的不足呢?有没有当地领导没有跟实习老师或我说，而随口会和别人聊起的教学问题呢？

把大量点点滴滴的工作做好，才能树立一个好形象；而要毁坏一个形象，只要一件事就够了。本学期，各所学校都有其他大学的实习老师，这就有了对比，如果我们做得好与不好，都很明显。各位老师要认真对待。

何况，即使没有其他实习老师，我们也要做好，为什么呢？因为还有第一批老师做对比。

从现在反馈的情况来看，我们存在的不足是和所在学校经常打交道的领导，如教导主任、总务主任沟通太少，这些领导虽然不是校长，但学校工作主要由他们来做，所以，各位老师，尤其是组长、副组长，要在这一方面引起注意，除了有事时找，没事时也要多请教，多沟通，多交流。

九

在一个月即将结束时，当新鲜已经被熟悉替代，当激情被现实击碎，总会心生倦怠，不由感慨：理想很丰满，现实很骨感。

但假如人生没有激情和梦想，只是停留在吃饱、不冷的追求上，这样的人生有什么意义？

奥巴马作为混血儿，在美国当时种族歧视非常严重的情况下，扎根社区，用行动和成绩赢得了黑人的认可；在年纪轻轻的情况下，打败资深政治家，成功当选伊利诺伊州参议员；在资历很浅，名誉度很低的情况下，打败希拉里·克林顿成功成为民主党总统候选人。然后在从政时间短的不利条件下，击败共和党候选人约翰·麦凯恩，更可谓是一个神话。

他的第一本书的书名是《无畏的希望》，他的竞选口号是——是的，我能！

在某种程度上，态度比方法重要，信心比黄金重要。我想，在激情即将被麻醉，梦想快冬眠时，面对一个个鲜活的生命，首先应该在内心中发出坚定的声音：是的，我能！

第五章

从优秀迈向卓越

热情只能保证一时，品质才能保证长久。养成一种追求卓越的品质，是做好教学工作乃至任何一项工作的必备品质。卓越就是一种责任心和敬业精神，卓越者能对所做之事竭尽全力，把简单的事情做到完美，把细节做到极致。不要害怕孤独、打击、冷嘲热讽，不要回避困难、压力、逆境重重，勇于向自身的平庸开战，不断跳出“舒适区”，“清空”自我，勇猛精进，直至把生命淬炼成一柄柔韧而锋利的宝剑。

30. 谈积极

一

昨天，两位实习老师伤心地向我倾诉了工作中的“痛苦”遭遇：先进方法理念得不到认可反而受到“冷嘲热讽”，工作不熟悉没得到帮助反而招来“横加指责”，做事积极得不到表扬反而换来“颐指气使”……

在冷静听了两位实习老师的倾诉后，我谈了几点看法：

首先，两位同学在工作中的确是付出辛苦，受委屈了，不管是主观还是客观原因，对方的行为肯定是不妥的，否则这两位同学不至于这样声泪俱下。

其次，两位同学的性格都属于内心敏感、情绪化型，对他人的不同意见分外敏感，说者可能无心，而听者已经有意，而且可能把对工作的指导、批评与对人的指责等同起来。

再次，不善于沟通和恰当表达自己的想法，有委屈和想法只是憋到自己的肚子里，一忍再忍，受伤的总是自己。

随后，我重点强调说，伤害既来自于客观，但也来自于主观。真正伤害你的不是行为，而是你对行为的理解与认识。女孩很委屈，不停给我解释，谈对方如何如何。

我知道，她俩很难一下子跳出自己的思维模式，尤其是在情绪激动时。

这也是常人的思维模式，把客观原因、外在环境作为症结的根源，所以，我们耳畔会常常充斥这样的话语：

如果对方不是这样刻薄……

如果我的领导能了解一些实际情况……

如果当初上一个好的大学……

如果学历更高一些……

如果当初嫁给一个有钱人……

如果我没有那么多家务活……

如果朋友更理解我一点……

如果再年轻十年……

其共同点，认为现状是处境逼迫的，是他人造成的，我不得不如此。本质上，这都是环境决定论。类似的例子比比皆是。有朋友说，自己也有学习成长的愿望和兴趣，怎奈时间、精力均不够，日常工作、家庭事务、照顾孩子、人情应酬，还不说购物、旅游等。有朋友在爱情出现裂痕之后，不断倾诉对方的过错，潜意识在为“错不在我”而辩护。

除了环境决定论，还有基因决定论（天生就是如此）、心理决定论（是父母的教育方式，或童年的经历决定）。比如朋友在感情一再受挫后，不再相信爱情，不再自信，开始从自己的年龄、相貌、能力、性格，甚至宿命、星座等方面寻找受挫原因。

的确，环境、基因、心理对个体有巨大的影响力，但不等同于这些可以凌驾于一切之上，能完全左右我们的行为乃至命运。卢梭虽然感慨人“无往不在枷锁之中”，但前提是“人生而自由”。人并不仅仅被环境、本能、欲望、情绪来控制自己，人有能动性，能通过想象力、良知、独立意志来进行选择，并作出决断。

不禁想起自己曾经在海南那段清贫、艰苦的岁月，两年时光，基本吃不上几顿可口的饭菜，炎热、潮湿的天气，各种蚊虫的叮咬，而最难耐的是寂寞、孤独。逃避还是直面，抱怨还是笑对，取决于自己的选择。换个角度，危机也是契机。老僧枯坐寺庙般的清贫环境恰是阅读、写作、学习的黄金环境。回头想来，正如海明威所说：“生活总是让我们遍体鳞伤，但到后来，那些受伤的地方一定会变成我们最强壮的地方。”

不论是环境、基因，还是心理决定论，本质上都是以“刺激——回应”理论为基础（人的行为受不同条件所控制，会以某种特定方式来回应特定的刺激），这是人不自由的表现，是消极应对的表现。人最可怕的是一直行走在固定的轨道上，而不自知。动物与人的不同点就在于，动物一生下来就仿佛被某种先天的固定“程序”所控制，牛看到草就要吃，狗看到人蹲下就会躲闪。而人不是这样，人有选择应对方式的多种可能。

岁月以痛吻我，而我，能以笑对之。

二

美国著名的管理学家史蒂芬·柯维认为，人的本质特征之一是：积极主动。

他提出的“积极主动”除了包含我们一般理解的遇事要努力进取，主动热心，主要指“人一定要对自己的人生负责。个人行为取决于自身的抉择，而不是外在的环境，人类应该有营造有利的外在环境的积极性和责任感”。

在《高效能人士的七个习惯》一书中，史蒂芬·柯维举了一个非常好的例子。

弗兰克尔曾在“二战”期间被关进纳粹德国的死亡集中营，其父母、妻子与兄弟都死于纳粹魔掌，只剩下一个妹妹。他本人也饱受凌辱，历尽酷刑，过着朝不保夕的生活。

有一天，他赤身独处在狭小的囚室，忽然有一种全新的感觉，后来他称之为“人类终极的自由”。虽然纳粹能控制他的生存环境，摧残他的肉体，但他的自我意识却是独立的，能够超脱肉体的束缚，以旁观者的身份审视自己的遭遇。他可以决定外界刺激对自己的影响程度，或者说，在遭遇（刺激）与对遭遇的回应之间，他有选择回应的自由与能力。

这期间他设想了各式各样的状况，比如想象他从死亡营获释后，站在讲台上给学生讲授自己从这段痛苦遭遇中学得的宝贵教训，他有选择回应方式的自由或能力。

凭着想象与记忆，他不断修炼心灵、头脑和道德的自律能力，将内心的自由种子培育得日益成熟，直到超脱纳粹的禁锢。对于物质环境，纳粹享有决定权和一定的自由，但是弗兰克尔享有更伟大的自由——他强大的内心力量可以帮助他实践自己的选择，超越纳粹的禁锢。

人性的本质是主动。人能依据价值观、理智而不仅是情绪来作为行为的动力。

天气阴云密布，但心情可以风和日丽。我控制不了太阳何时升起，但能决定自己几点起床。

听到别人对自己的讥讽与嘲笑总是不舒服的，但理智告诉你这也是滋养生命的必要营养，让你更加懂得谦卑、奋进，直至把生命淬炼成一柄柔韧而锋利的宝剑。

受到打击、诬陷甚至恶意中伤总是气愤的，但理智告诉你疾风方知劲草，烈火才炼真金，人不能因为外界的“风雨”而抛弃良知，失去准则。

听到表扬、夸赞是悦耳、舒服的，但理智让你明白：能受得了冷语，却不一定经得住美言，多少人在赞美声中膨胀、漂浮而迷失方向，找不到自我。

工作发生过失或错误，在他人忙着为推脱责任而找托辞时，你却主动担当，不是你比别人傻，而是你认为这是成熟的表现。

恋人之间感情发生裂痕时，你主动反思并纠正自己的过错，不是说对方就完美无缺，而是深知培养“爱”的能力比一味指责对方更重要，明白爱的感觉是伴随爱的行动而产生的。

在一个以成功、财富为主要标准的世俗时代里，你却不肯放弃早已被许多人弃如敝履的理想，守护原初的纯真愿望，追求真理，求知若渴，是因为你把“成为一名合格的老师”作为此生之天命，深知生命之无限可能性与此生之有限性。

做事不成功总是令人沮丧，灰心丧气，但你不自暴自弃，不裹足不前，不是抱定“付出总有回报”的金科玉律，而是认为成长比成功更重要，远方不是用来抵达的，而是需要创造的。

人到中年，琐事缠身，工作繁重，孩子拖累，人情应酬，而你不认为是这些外在原因影响了你朝向优秀，是因你洞察到卓越者之所以卓越，不是因为他们犹如月亮仙子不食人间烟火，而是他们能妥善处理、灵活应对生活中的一切，心不被身所牵累、役使。

三

积极的行动不同于积极的思维。积极的思维容易演变为阿Q精神：自欺欺人、自轻、自贱、自嘲、妄自尊大、自我陶醉；在失败与屈辱面前，不敢正视现实，而使用虚假的胜利在精神上实现自我安慰，自我麻醉，或者即刻忘却。

积极行动是指关注自己可以控制的，做力所能及的事，通过做好自己的事来不断扩大影响力。对能掌握之事全力以赴，对力所不能及之事处之泰然。史蒂芬·柯维说，“消极的人是紧盯着他人的缺点、环境问题以及超出个人能力范围的事情不放，结果越来越怨天尤人，自艾自怜，并不断为自己的消极寻找借口”。

就实习支教老师的安全而言，支教学校是生炉子还是烧暖气，当地校长、老师是不是切实重视，学校处于什么环境，这些都是带队指导老师无法控制和左右的。但严格落实预防煤气中毒四条“铁律”(预留通风口、定期清理烟囱、每日发短信、安装报警器)，加强岗前安全知识的培训，不断提醒校长对煤气中毒保持警惕，这些都是可以控制的。

从实习支教老师课堂教学而言，带队指导老师对课堂质量、教学效果、考试成绩、当地学校如何指导实习支教老师，这些是无法控制的。但与当地学校反复沟通，深入课堂听课指导，检查作业、教案，邀请名师作讲座，组织以联校为中心的教研活动，这些是可以控制的。

就一个团队而言，成员的工作能力、工作态度是领导者不可能完全掌握的。但凝聚共同的愿景、使命、价值观，建立一套科学且人性化的制度，营造一种和谐、民主、积极的文化氛围，理解、信任每一个成员，关心、尊重每一个成员，努力为团队成员提供学习、成长的机会，这是可以控制的。

有没有人读此刻写的这些文字，是不是喜欢这些文章，都是我不可控制的，但尽力把一个道理说清楚，努力传达出自己的诚意，这是可以控制的。

最终相约怎样的恋人，何时能走进婚姻的殿堂，这是不可控制的，但不放弃寻找，努力学习提高“爱”人的能力，增加被爱的“砝码”，这是可控制的。

工作做好，能不能被领导发现、赏识，这是不能控制的，但主动与领导沟通，通过工作而完善自己，提升自己，这是可以控制的。

孩子将来的发展如何，是不能完全控制的，但不断学习育儿的知识，把时间给孩子多分配点，努力成为一个称职且专业的家长，这是可以控制的。

工作重担、家庭琐事、人情事务等是无法完全控制的，但严格自我管理，提高业务能力，成为一个优秀的丈夫、妻子、父亲、母亲，这是可以控制的。

蜡烛只有足够明亮，光照范围才能更广。当我们把关注圈子缩小时，你的影响圈才能不断扩大。正因为你把该做的做好了，那些不可能发生的事，才有可能发生。当你将关注点放在努力提高"爱"的能力时，你必定会发现，恋人的态度也会发生变化。妄图在自我完善之前，改善与恋人的关系，必将徒劳无功。当一个老师将关注点放在自身专业成长而不是一味埋怨环境时，师生关系、教学质量也会逐渐改善、变化。

曾经有实习支教老师对学校提供的饮食、住宿条件不满意。能不能改善学生的生活条件，这不是我们能决定的，但与学校不断进行反馈、沟通是我们能控制的。经过两个学期的不断沟通，最终，这学期学校提供的生活条件彻底改善。

四

积极主动的本质是勇于承担责任，从自身内部寻找问题的突破口，而不是坐等上天的恩赐。而消极被动的人往往是推卸责任，史蒂芬·柯维形象地举了一些例子，来说明我们经常如何在言语中体现推卸责任。

"我就是这样做事的。"(我天生就这样，这辈子改不掉了。)
"他把我气疯了！"(责任不在我，是外界因素控制了我的情绪。)
"我根本没时间做。"(又是外界因素——时间控制了我。)
"要是我妻子能更耐心一点就好了。"(别人的行为会影响我的效能。)
"我只能这样做。"(意味着迫于环境或他人。)

而主动承担责任者则不这样认为。

"我就是这样做事的。"(我可以选择不同的作风)
"他把我气疯了！"(我可以控制自己的情绪。)
"我根本没时间做。"(我可以调整事务，提高效率，挤出时间。)
"要是我妻子能更耐心一点就好了。(我可以灵活应对，并以恰当的方式对其劝导。)

积极主动意味着要勇于做出承诺,并兑现承诺。作出承诺,就是确立目标;兑现承诺,就是付诸实施。常人重视对他人的承诺并努力兑现,但对自己的承诺却经常失言,并总能找到理由与托辞,多少"我决定……"以"可惜……"收尾。只有兑现对自己的承诺,才能兑现对他人的承诺,一个对自己的承诺都无法兑现的人,对他人也会常开"空头支票"。

五

"人非其所是,是其所非。"

史蒂芬·柯维所提出的"积极行动"源于存在主义哲学。存在主义哲学家萨特认为"存在先于本质",人的首要条件是存在的事实,然后不断地发展自身,更新自身,人没有被任何不变的本质或性格所预先预定。

人类不是一种一劳永逸事先被给定了的东西、一种被预先规划的东西,也不是那种我们每个人都可以确定我们真实身份的东西,不论是来自外部的(环境、机遇、高人、困难等),还是内部的(容貌、学识、身高等),都不能决定我们成为这个或那个样子。

选择,是人的宿命,也是人的自由。人无时无刻不在选择,即使你不选择,也是选择了"不选择"。如果我们没有改变,不是因为我们只能选择我们"所选择的东西",也不是因为我们只能成为我们"所是的东西",而是因为我们"选择"成为这个样子,而不是别的样子。

从这个角度而言,两位实习支教女老师在面对遭遇时,是选择了激动、悲伤、气愤,而不是只能如此。是选择了消极被动,而不是积极行动。所谓积极行动,本质上指我们永无止境地更新自我,超越我们本来边界的能力,就是否定我们之前"所是的东西"的能力。

也许,你暂时还不能明白这些道理,这是正常的。

学会积极行动需要经过艰苦的练习,直到生命摆脱种种束缚,自由地舞蹈。

只是,我们准备好了吗?

31. 优秀是卓越的敌人

今天阅读了一篇文章《我的助理辞职了》：名牌大学毕业、聪明活泼、长发飘飘、一手字写得铿锵倜傥、很多工作一教就上手、跟各位同事也相处得颇融洽。如此天资本应在职场一路凯歌，而为什么屡屡辞职，遭遇滑铁卢呢？

之所以辞职，是因为不受领导重视，感觉没有自己施展才华的平台。为什么不受领导重视呢？是因为她不能取得领导的信任。为什么不受领导信任呢？因为领导感觉她不踏实。何以知之？因为琐事做不好。是她没有能力吗？显然不是，而是因为她不屑于做琐事，心态不沉——“我的能力不仅仅能做这些，我还能做一些更加重要的事情”。为什么心态不沉呢？因为她很优秀。

一句话：优秀是卓越的敌人。

一

朱永新老师说，优秀本身没有问题，更不是说优秀是错，而是“优秀”的心态会让人们满足，让人们没有危机意识。柯林斯说，对于卓越的追求是一个动态的过程，永远没有终点，一旦你以为自己已经非常卓越，那滑向平庸的过程就开始了。

因为优秀，学起新的知识，做起新的工作就比别人快，所以容易心生骄傲，心态浮躁，自我定位高，就不满足于做当下琐碎的事情。

而反过来看，琐碎的工作做得好，是自己认为好，还是领导认为好？很多时候，领导认为不行，而自认为已经不错。这就会出现判断的不一致。

事情琐碎，但做琐事的意义重大。能做大事的人是因为小事做得好。反过来说，小事做不好的人一般也做不了大事，一屋不扫何以扫天下？古人说，修身、齐家、治国、平天下。一个连家庭都协调不好的人，怎么能治理好一个国家？

何况很多时候，琐碎不琐碎，不取决于事情，而取决于你如何对待、如何去做。小事情有大道理，平凡的事也有不平凡的意义。订好几张发票，谁都能做，但从订发票中，发现公司对外接待的规律，这就不是琐事了。做琐事中，锻炼、体现的是一个人的思维品质、做事态度和能力。公司不是学校，领导不是老师，没有一个领导愿意以工作的失败来培养下属。

二

年轻下属可不可以对领导心生抱怨?

可以。前提有二:一是琐事的确做得很棒;二是长期做琐事。

一个人在同一岗位上,如果长期做同一工作,难免心生倦怠,何况每一个年轻人都愿意有更大的发展空间,更愿意做有价值、有意义的事情,从而拥有成就感。

这就提醒公司的领导,要注意观察那些优秀的年轻人,在合适的时机,给予更有挑战性的任务和岗位,以发挥其更大的作用。

然而,现实的情况下,很多时候会出现如下错位:

领导认为做得不好,自己认为已经不错;领导认为还有待锻炼,自己已经心生浮躁。

更多时候,除了自己优秀,还有一个机遇的问题。

在以上两个条件具备的情况下,如果还不能被领导发现,怎么办?(这也许是现实中的常态)

作为个体的年轻人是不是只能抱怨或者跳槽呢? 抱怨是生命的沉沦,而且对自己的发展没有实在意义,而跳槽也不是说起来这么容易的。

我想,注重自身的成长而不只是成功,是一个现实的出路。

什么是成长?

成长就是提升处理日常事物的能力、管理自己的能力、学习的能力、梦想的能力和思考力。如果大脑中占据的主要是个人权益、对他者(社会或他人)的怨愤、人际关系,而不是思考与创造,不是对工作的切磋琢磨,不是对原则的坚守,那么,思考力可能正在衰减中。

成长是内在的,是自己能把握的;成功是外在的,是需要机遇和外部条件的。有的人没有成长也可以有成功。有的人成长了,但也可能不会成功,所以,古人有“千里马常有,而伯乐不常有”的慨叹。

当你比他人高 1 米的时候,很容易被他人忽视;但当你比他人高 1000 米的时候,谁也无法忽视你的存在,谁也遮掩不了你的高度。

所以,与其坐而抱怨,不如坚韧修炼!

三

文中的“她”其实是陷入了这样一个循环:很优秀——做事很快就会——心态不沉——琐事做不好、不踏实——不被信任——不被赋予重任——跳槽。

反观我们,大多数涉世之初的年轻人其实是这样的:不优秀(自认为优秀)——琐事做不好(自认为不错)——不踏实——不受信任,受到批评(很委屈)。

自身不优秀,事情做不好,导致被领导批评,如果不能正确看待,那么就会产生更多不满和负面情绪。这时,需要把人和事分开,不要把事和人混杂在一起。高明的领导批评时其实也往往是对事不对人。

能真正做出一番业绩和成就的人,往往有两点共性:一是自身天赋极高,二是后天惊人的努力。

对照下来,作为常人的我们自会明白自己无所事事的原因:天赋不高,还不够刻苦。

日常生活中,许多人连琐事也做不好,主要是内心就没有梦想,或者只停留于幻想,逐渐麻木不仁,对眼前的问题视而不见,敷衍了事,得过且过,然后,"生活在别处"了。

四

职场不是课堂,老板不是老师。大学生应在学校里努力修炼,追求卓越。但在校园里却能经常见到由于优秀而不能抵达卓越的学生。

这样的学生,上课能轻易比别的同学领悟知识,回答问题比其他同学积极,但缺乏省察之心,易滋长骄傲情绪。

对这样的学生如何办呢?

两点办法:(1)给其一个比较难的问题;(2)给其一定是其解决不了的,一定会是失败的问题。

以此来逼迫其沉下心来,不再浮躁,重新审视自己,不再心高气傲。

五

文章中一些核心观点值得思考:(1)优秀是卓越的敌人;(2)踏实比聪明更重要;(3)琐事磨练能力;(4)机遇属于值得信赖的人;(5)涉世之初,最重要的品质有三个方面:第一是态度,即认真、踏实的工作作风;第二是学习能力,即能用最快的时间接受新事物;第三是处理事物能力,能在最短时间内发现事物内在规律,并用比别人短的时间处理好。

与大家共勉!

32. 朝向卓越

一

期中考试，捷报频传，我们取得了不错的成绩，起码第一次亮相出彩了，第一批“上市”叫响了。支教队伍中弥漫着喜悦的气氛，加之期中考试过后，领导视察、编制手册、编辑《简报》等工作紧锣密鼓，几周来，考前那种浓厚的教学氛围好像变淡了。

夜深人静时，“生于忧患，死于安乐”的古训时时在脑海里盘旋。“革命尚未成功，同志仍须努力”啊！微小的成绩还远远不是举杯庆祝的时刻。谁笑到最后，才笑得最好，决定对我们评价的是最后的考试，而不是期中考试。冷静分析，没有丝毫轻松的理由，任重而道远啊！

和当地老师相比，我们能取得成绩的优势仅仅在于年富力强，热情十足，付出的多。而在经验、技能等方面远远处于劣势。本学期开始，当地老师对我们的到来没有真正引起重视。这次成绩揭晓，必然对当地老师是一个警醒，好多老师反映当地老师在期中考试后也开始加班加点了，如果我们不引起高度重视，不保持原来誓夺第一的精神，开始疏忽，麻痹大意，那么此消彼长，期末成绩可想而知，期中考试的成绩就是昙花一现。

一学期的支教生活中，容易出现这样的现象：前两个月要做得比后两个月好，期中考试前的干劲要比期中考试后足。许多人虎头蛇尾，善始而不能善终，导致大好局面，付之东流。“疾风知劲草，烈火见真金。”三分钟的热度过后会怎样，这才是体现一个人的做事品质和工作精神的关键所在。如果我们不对当前的形势保持清醒的头脑，那么小小的胜利之后，就会栽大大的跟头。

多年的工作经验使我深深坚信——

热情只能保证一时，品质才能保证长久。

养成一种追求卓越的品质，是做好教学、教育工作乃至任何一项工作的必备品质。

二

为什么要追求卓越?

今天的公司、企业要做大、做强,必须具有持久的某种优势,必须有别人学不去的东西,这是什么?这就是卓越,否则只能"独领风骚"三两年。在今天的单位、政府,我们要有效做好工作,应对复杂的现实,必须有卓越的品质,否则"长江后浪推前浪"。

要达到卓越品质,必须寻找有卓越品质的人,寻找到想干事,会干事,干成事的人;寻找到按质、按量、按时完成任务的人;寻找到对工作每一个环节、每一个阶段都能一丝不苟完成的人。而绝不要挑选只做"二传手",喜欢"踢皮球",推诿扯皮,拖拖拉拉,时时强调困难和理由的人。

所以,要适应将来的社会,要谋求一份立足的职业,就得练就卓越的品质。

而现实的情况是:一方面许多用人单位为找不到合适的卓越人才而焦头烂额;另一方面许多大学生为找不到工作而东奔西走。很多年轻人只是不断埋怨工作不好找,而不回头反思手头的工作是否能令人满意,是否做到了卓越。很多人往往是眼高手低,言语的巨人,行动的矮子,做的不如说的好。

上周以来,支教队开始制作《工作手册》,之所以限定时间,一是因为即使是强调得很紧,也会有很多老师拖拖拉拉做不完,更主要的目的在于锻炼大家一种追求卓越的品质。而从目前反馈回来的情况来看,还远远不能令人满意。

一项《工作手册》的工作就如一面镜子、一块试金石。

有的老师平时不抓紧,最后关头草草应付;有的老师工作不讲究效益,不会合理安排时间,只能应付平常的工作,稍加难度,就叫苦连天;有的老师被动应付,照猫画虎,推脱了事;有的老师怨声载道,长吁短叹;有的消极被动,观望等待,不是主动积极克服困难,而是把责任都推脱给别人;有的缺乏团队合作精神,自扫门前雪,不管他人瓦上霜,对其他老师的困难不闻不问。

交回来的材料有许多问题,如粗枝大叶,表格不完善,字体、字号不统一,语句不通顺,字词重复等,不要说卓越,连合格都没有达到。

什么是卓越?

卓越就是对待一项任务要精心,做出的东西要精致,最后要精彩。

卓越始于细致,最后要达到极致。

卓越就要求把简单的事情做到完美,就是把细节做到细致入微、精雕细刻,就是一种责任心和敬业精神,就是对接受的任务竭尽全力、兢兢业业、踏踏实实、认认真真、不敷衍、不推托、不拖拉、不得过且过,而是尽善尽美、勇于承担责任。卓越就是在执行一项任务时关注细节,认真、认真、再认真,跟进、跟进、再跟进。

一份文档要做到卓越，除了内容不出现错别字、病句外，还要在排版格式上做到整齐、美观，字体、字号、行间距是否统一，编号是否一致，插图是否美观，标题是否居中……

一个房间的布置要做到卓越，除了打扫干净，还要看每一件哪怕是再小的物品，摆放得是否有序而美观，每个角落是否一尘不染，张贴的表格是否在一条水平线上，床底的物品是否收拾整齐……

三

追求卓越不是停留在口头上，而是落实在行动中。

几周以来，南圣学校小组的工作令我感动。

在南圣学校和老师们的一次闲聊中，老师们说为了了解学校对支教工作的意见，制作了反馈表，分发给学校领导和教师进行调查，我看到调查表上不仅详细列出了反馈内容，而且配上了每个老师的照片。我深受启发，觉得应该向其他组推荐这种制度化的工作。

又一次到南圣学校，看到桌子上放着一张表格，是对每个小学生的详细情况登记表，表格上除了有常见的姓名、性别、年龄外，还给每个小学生拍了一张一寸相片，在电脑上打印出来。精心、精细程度可见一斑。老师们说这是为下一批实习生准备的。此前，我还没有真正着手过交接工作的安排，正是他们超前的工作意识，让我产生了制订《工作手册》的想法。

以前，我表扬了郑朝瑞老师能够用细心的眼光看学生，对学生进行详细分析，在这次提交的工作手册资料中，南圣学校小组的老师就及时学习，对班级的学生也进行了精心的分类。

在学院领导来调研前，南圣学校小组对宿舍进行了精心布置，利用学校的废纸进行了装饰，共读笔记装订成册，给每一个参观的人留下了深刻的印象。

此次《工作手册》制订的过程中，相关老师反馈回来，南圣学校小组也是提交回来的资料中质量最好的。

诚然，每一小组的老师在主观上也都在竭尽全力地做每一项工作，即使是南圣学校小组，工作上也还有需要提高之处，在合格、良好、优秀、卓越的等级中，也仅处于良好和优秀之间，但这种超前考虑问题的意识、创新工作的精神、见贤思齐的品质、精心完成任务的态度，正是从优秀迈向卓越的必备条件，正是将来走向社会必备的基本素质，也是我们每一名支教老师应该学习的。

四

期中考试过后，许多老师反映管理上出现了困惑，原来的办法不太灵了，学生的学习积极性不高了，怎么办？

问题不在学生，在于我们的思路和方法。

学期初，学生还处于原来散乱的状况，行为习惯、学习习惯等都没有一个准则。乱世宜用重典，经过两个多月大刀阔斧的规范，学生初步进入了正常轨道，这时仅仅靠严格的"法治"就不行了，必须辅之以"德治"。如果内心没有真切的感受和变化，行为的规范也是持久不了的。

学生的学习动机是什么？

有的学生是怕老师的严厉批评；有的是出于喜欢某个老师，爱屋及乌，进而喜欢这个老师教的科目；有的是希望得到老师的表扬……

这些朝向学生心灵之外的方法都不能保证学生拥有持续的学习积极性。

老师严厉批评的时间长了，学生会有逆反心理，身在曹营心在汉，老师管得了身体，但管不了心。学生喜欢某个老师和喜欢得到表扬很不错，但也都属于外在的因素，如果换一个老师，没有了外界的刺激，学习的动机就没有了。这在过去的实习点中经常出现，某个学生特别喜欢一个老师，成绩很快也提高，但下学期换一个支教老师，失去了原来老师的"宠爱"，学习成绩就直线下降了。

如果把学习的动机建立在外在的因素上面，都是脆弱的、短暂的，只有在老师小心呵护、不断关爱下建立起学生内心学习愿望的"永动机"，才是取之不尽，用之不竭的动力之所在。

在苏霍姆林斯基看来，这个"永动机"是一个良性循环系统，没有从精神生活和智力活动中克服困难、获得成就，就不可能拥有一个人的自尊、自信和对学习的渴望。没有一个人的自尊、自信和对学习的渴望，就不可能从精神生活和智力活动中克服困难、获得成就。

在学习成长的过程中，核心因素是儿童内在的尊严感、责任心、意志力，动机都根源于这种生命内在的感受。一个儿童如果能够在某些正当领域中获得成就，赢得存在的尊严，那么他纵然无法在所有领域都获得同样的成就，也一定不会允许自己在主要领域出现恶劣的情况。为了保持自己的自尊，他既会在自己擅长的领域继续保持领先，又要在共同体认为主要的领域中克服困难，不至于成为笑柄。如果这种正面学习占据着他学习生涯的主导的话，那么我们将在不久之后得到一个大写的人，一个有着"想做个好人""想成为一个卓越者"这一美好愿望的人。

那么，老师应该如何做呢？

一是开辟丰富多彩的精神生活渠道，让不同孩子在不同领域中获得成就，主要是指开展课外读书、诗歌朗诵、演讲、辩论、主题班会等活动。

二是在所有孩子必须穿越的重要的精神领域，即智力生活中，采取各种措施让学生能够自己去克服困难。主要是老师对学生学习中的困难要细心、耐心，既不要包办代替，也不要横加指责。

三是采取一种成长性的评价，即肯定学生的探索过程，在学生不会学习时不进行粗暴地打分，而是设法让他通过学习、掌握知识之后再进行评价。同时，在评价中区分对具体知识正误的评价和对人格的评价，即在指出学生学习过程中知识的错误时，仍然肯定其人格，即他是在探索，在学习，在努力地克服困难。

而实际中很多学生厌学，是因为陷入了另一个恶性循环系统：老师以讲代练，学生死记硬背，导致学生一次次被困难打败，在单纯的以分数评优劣的标准下，遭受挫折，感到失败，加剧了沮丧、畏惧、厌学、逃避等不良情绪，进而自卑、丢失了自尊，如此一次次恶性循环，直到完全厌学，放弃学业为止。

五

谈到我们的支教使命，忻州师院时任党委书记王秋生在南圣学校调研讲话中说得非常中肯，一针见血。他说，要真正改变贫困地区的教育，绝不是一两次成绩好就能够做到的，要切实改变山区孩子的行为习惯、学习习惯，培养学生良好人格，激发学生学习兴趣，为学生的健康发展奠基。

如果不能把眼光放得长远一点，如果不从根源上着手，很多看似有效的做法可能就是拔苗助长、饮鸩止渴。

期中考试后的两个月，希望老师们在紧紧抓课堂教学的同时，也要十分重视学生非智力性因素的教育，并采取行之有效的办法，开展一系列丰富的精神活动。

我认为，开展主题活动是目前最有效的办法，新教育开展的“每月一事”可以给我们提供很好的借鉴，我们可以灵活地转化为“每周一事”主题活动。

人生的许多大道理，其实都在这些小事情之中。所以，古代教育往往要从“洒扫、应对、进退之节”开始，学校不能急功近利地只盯着分数，而要教给学生一生有用的东西。

“每周一事”的设想是：(1)主题的选择立足于学生一生有用的最重要的习惯，如运动的习惯、阅读的习惯、写日记的习惯等。(2)主题的内容都是从一件件非常具体的小事展开，如“让我们不闯红灯”“让我们去踏青”“让我们去玩球”等，而每一件事情后面，是一个重要的主题，如关于规则、关于人与自然、关于运动与健康等。(3)主题的活动通过广泛的主题阅读、主题实践、主题研究、主题随笔，把公民教育、生命教育贯穿其中。

具体主题和时间安排如下：

吃饭——让我们学会吃饭(节俭)(12 月 6—12 日)

走路——让我们不闯红绿灯(规则)(12 月 13—19 日)

阅读——让我们每天阅读十分钟 (求知)(12 月 20—26 日)

日记——让我们每天记录自己的生活 (自省)(12 月 27 日—1 月 2 日)

问候——让我们笑着和别人打招呼!(交往)(1 月 3—9 日)

家书——让我们给爸爸妈妈写封信(感恩)(1 月 10—16 日)

选择“让我们学会吃饭”作为第一个主题,首先是因为“民以食为天”,吃饭是我们日常生活中最常见的行为;其次是我看到五指山市农村的学生浪费粮食现象非常严重,好多孩子基本是吃一半,倒一半。学会吃饭不仅与节俭的美德有关,“谁知盘中餐,粒粒皆辛苦”,不仅是我们应该知道的道理,珍惜粮食更应该是我们要学会的习惯;学会吃饭也与文明的礼仪有关,如何吃得更加有涵养,如吃饭的时候不应该大声说话,不应该把筷子伸到别人面前,不应该发出奇怪的呼噜声,边吃饭边看电视不利于健康等,是应该掌握的常识;学会吃饭还与身体的健康有关,现代人的病基本与吃有密切的关系,如何了解食物的营养,如何控制饮食的适量等,也是我们应该知道的常识。

在进行“每周一事”的时候,各个班级没有必要千篇一律,可以结合自己的特点,进行创造性的探索与尝试,选择什么样的阅读材料,开展什么样的活动,都可以充分调动教师与学生的创造性。设计一个主题班会,开一个主题演讲或朗诵会,读一篇相关文章,介绍一个相关故事,动手布置教室,拍下相关相片,你或许会发现,生活会有另外有趣的一面。

印度谚语说:“播种一种行为,收获一种习惯;播种一种习惯,收获一种性格;播种一种性格,收获一种命运。”行为变成了习惯,习惯养成了性格,性格决定了命运。希望老师们以卓越的标准,积极进行每周一事的实践,探索道德教育的新路径,为学生一生的发展奠定坚实的基础。

六

窗外的鲜花未曾凋落,时光的指针已滑向新年。

岁月催人老!

一切还仅仅是开始:《给教师的建议》还没有读几章,对每个老师的听课也就平均两节,带来的一大堆书没有看几本,《工作手册》还没有成型,《简报》还停留在脑海中……

而再过一周,就要预订回家的机票了。

人生总是这样匆匆,带着遗憾,带着眷恋,也带着新的梦想,走过一天、一月、一年、十年……

只求在回首之际,能发自内心地说一声:时光没有虚度!

33. 我有我红硕的花朵

一

元宵节来琼，在开车到番阳学校的路上，被路旁一种开满红彤彤花朵的树吸引。此树仿佛像北方冬天的杨树，光秃秃的树枝上没有一片绿叶，但像初春的桃树、梨树一样开满了花朵，不是粉色、白色，而是鲜红色。树下落满的花朵好像一个个羽毛球，花瓣厚厚的、软软的，非常有肉质感，我怀疑是不是可以加工为一种绝佳的食品。在毛阳学校，捡起一个一踢，这不是天然的毽子吗？大树下，过往的车辆碾碎了花朵，花朵的汁液染红了大片的地面——“零落成泥碾作尘，只有香如故”。

在去年，没有发现这种花，只是看到郁郁葱葱苍翠的树啊！

毛阳学校的陈校长告诉我，这就是木棉树，那就是木棉花。

我必须是你近旁的一株木棉，
作为树的形象和你站在一起。
…………
你有你的铜枝铁干，
像刀、像剑，
也像戟；
我有我红硕的花朵，
像沉重的叹息，
又像英勇的火炬。
…………

高中时学过的舒婷的诗歌顿时从脑海滑倒了嘴边。他乡遇“故知”，分外亲切。陈校长说，木棉花开的时候，一定是树叶已经全部掉落了。

短短支教生涯，当教室里的“花朵”盛开时，“树叶”也离开了，而满树怒放的花朵已经镌刻着绿叶深深的痕迹。

待到百花争艳时，它在丛中笑。

——这就是绿叶，就是我们。

二

开学一周多，大家虽然刚到陌生的环境，刚接触陌生的岗位，尤其是山西的老师，从北国到南岛，从冬天到夏天，克服语言、饮食等种种不适应，但各位老师已经开始全身心投入到工作中。在和大家的聊天中，没有一个谈到生活的困难和不适应，都是笑一笑说很好，然后就转入管理、课堂、自习等话题。水满学校实习的莫俊静、李虹开始买纸给学生考试，番阳学校王小金、吴冬雪、林翠、常亚婷已经开始购买红纸、红领巾、贴纸、彩笔等来给学生发红包，装饰教室，制作奖品，激励学生……

一个细节难以忘记。

在毛道学校，我在教室外看马彩云给五年级上语文课，这是一个令全校老师都头疼的班级，几个学生在下边无所顾忌地摇头晃脑，许多老师也是心不在焉，马彩云在上边眉头紧锁，不断提醒学生集中注意力……

接触了山西听老师话的小学生，刚接触这些孩子，我知道她此时内心的无奈、气愤、焦急……

但下课后，在办公室，薛主任问有什么困难，能适应这里吗？马彩云腼腆地笑了笑说："很好，还行。"

我很感动，我知道远离家乡、初登讲台的大家有很多的不适应及生活、工作上的困难，但为了不让老师操心，不给老师增添忧虑，所以，默默地承受起了这些。

现实会把在大学里那些美妙的词语，把头脑中那些虚幻的美景一下子摔得粉碎，然后零距离地呈现在你面前，等你来处理。

经历挫折，经受困难：这是成长必需的，这就是成长。

我们是如此，我们的学生也是如此。

所以，开学前三周，我没有过多强调具体的教育教学方法，而是反复强调两个关键词：调查，反思。

三

为什么要调查？

没有调查就不了解实际情况，没有调查就没有发言权，没有调查容易作出错误的判断。

亲其师，信其道。学生还有对上批班主任的眷恋，还对你不熟悉，还没有真正从内心接纳你。如果新官上任三把火，下车伊始就盲目实施新政，弄不好会事与愿违。

初为人师、初登讲台，面对全新的工作：教学、管理、备课、作业、辅导……各种工作头绪复杂；备课理不清头绪、课堂管不住学生、劳动不停调遣……各种困难纷至沓来。

所以，还是先从调查开始。

调查学生的行为习惯、学习习惯、生活习惯；调查学生的家庭情况、兴趣特长；调查学生的所思所想、所作所为；调查学生的过去和现在的成绩；调查任课老师的情况等。

怎样调查？细心观察学生在课堂和课外的表现，尤其是观察学生在课外自然状态下的表现，那往往是最真实的；到学生餐厅和宿舍看一看，和学生聊一聊；到任课老师办公室或家里调查；到教导处查阅过去成绩；到个别学生家里做一次家访；和上一批班主任沟通；管人先管心，管心先交心，聊天是了解学生内心最好的手段，课余时间多和学生聊一聊；和班干部交流，和课代表交流等。其他老师上课时，也从外面去看看；课前十分钟，就到教室走走。放学后，你再在教室里多留一会儿。对学生调查得越丰富，越有利于作出正确判断。

经过两周左右的观察，将收集到的信息条分缕析分类整理，然后你就可以制定治班措施并实施了。

四

为什么要反思？

反思是教师专业成长最有效的手段，反思是所有教学名师成长的共同法宝。

这个世界不是有钱人的世界，也不是有权人的世界，而是有心人的世界。什么是有心人？就是勤反思。不反思的老师绝对不可能成为卓越的老师，不反思的老师始终停留在经验上，绝对不能从必然王国走向自由王国。

反思什么？课堂教学、课堂管理、自习管理、处理学生矛盾、组织班级活动、阅读书籍、各种谈话、调动学生积极性等，凡是涉及教育教学的内容都是我们反思的内容。

对教学中感到特别满意的、特别沮丧的、特别困惑的事，尤其要反思。

对困惑和不足的反思，重在从自身出发，反思自己的不足。如果反思的结果是埋怨客观，那不是反思，那是自我辩解。人有时会犯的毛病是，发现别人的不足总是火眼金睛，对待自己的不足总是视而不见。改变自己的思维逻辑，打破自己的原有认知，坦陈自己的不足，是困难的，甚至是痛苦的，但这恰恰是成长必需的。否则，坐井观天，夜郎自大，闭门造车，故步自封。

反思重在及时，贵在书写。

在工作生活中，更多的时候是小小的、及时的反思，它稍纵即逝，用文字使这些思考凝固下来，就更容易转化为经验。实在不行，先三言两语写下关键词，等时间从容再慢慢整理。

想一想是气体，摸不着；说一说是液体，会流走；写一写是固体，能留下。随时随地把教育生活中的想法、感悟、认识、反思写下来，如果手机开通了微博，可以及时发到微博中。

书写就是心灵的舞蹈，书写可以抵抗心灵的麻木，书写可以使我们恢复沉静，让我们有机会与自我对话，与世界对话。真正主动的自由的书写，是一种积极的、热情的、反思的、充满智慧的生活。将这种生活的某些片断、某些低潮或涌现的时刻断断续续地记录下来，它可能是痛苦的，也可能是快乐的，更可能是持续不断的思考。这就是成长的脚步。

说出一个词语，只需几秒钟，但将词语转化为行动，是需要付出艰辛的努力。这就涉及态度问题，涉及执行力或者说落实的问题了。

五

态度决定一切。外向也好，内向也好，能说会道也罢，不善言辞也罢，这是性格的问题，各有优劣，在实习支教中，这些都不是主要的。主要的是做事的态度、做事的效果。关键看做得怎样，做得如何。光说不做，不好；不说不做，更不好。

对布置的任务，如果承担了就要不折不扣地完成。每次我布置的任务、发出的短信、写在纸上的文字都不是凭空设想、随意写的。但效果如何，关键看大家执行得如何。

上学期工作交接时，提出假期两项任务：一是备完这学期的课；二是给学生打电话询问寒假作业情况。当时，大家答应得很痛快。假期中，我怕大家忘记，还专门发飞信提醒，大家也回信表示收到。然而，开学检查中，只有王小金和符国仁两位老师完成。其余老师有的说备课本不够，有的说觉得不必要等，托辞不一而足，但只强调客观，回避了主观的问题。其实说到底，这就是一个态度的问题。

接受任务了，我要的是结果，而不是做不好的托辞和原因。

另外一个是关于钥匙的问题，也是交接工作时强调的。但是番阳学校小组、南圣学校小组的老师显然不够重视，我打了十几个电话，谁也不知道钥匙在哪儿。

小事不小。一学期中，将有许多任务需要落实，如果是这样的态度来做事，结果现在就可以知道。希望老师们引以为戒。

在大家写的感想中，我看到王小金写到组织学生在晚自习前30分钟阅读课外书籍，吴冬雪计划开展故事比赛、朗读比赛，李虹计划开展笔顺书写比赛，林翠计划组织歌咏比赛、跑步比赛、拔河比赛等。这些想法很好，我希望这些词语不仅是写在了纸上，而是能够真正进入到学生的行动中。

六

在上学期交接期间的会议上，我用几句话总结了第一批老师成功的几点经验：态度决定一切，细节决定成败；低调赢得认可，和谐赢得尊重；读书方能进步，行动就有收获。

在会上，我再三强调了团队精神。团队的和谐是取得任何成绩的先决条件。和谐的团队精神是第一批支教老师留给五所学校最宝贵的财富，也是取得所有成绩的主要原因。

如何保持团队的和谐？

首先是每个队员都要有奉献、吃苦的精神。而不是斤斤计较，患得患失，事不关己，高高挂起。毛道学校小组谢桂桃、吉如朝每天早晨把四个人的饭打回来，水满学校小组组长罗雪每到周末总是不顾烟熏火燎给老师们做饭。每个团队的和谐，都是和一些始终如一、任劳任怨的老师分不开的。

其次是互助。不论是在周末做饭中，还是平时的生活和工作中，要各尽所能，积极主动，关心队友，帮助队友。一个人的困难就是我们整个团队的困难，在支教学校，我么应该始终是一个整体。

最后是真诚。相互之间，要真诚相待，有分歧是正常的，但问题要说在明处，要对事不对人，更不能拉帮结派。

团队的和谐与否，与组长和副组长的带头、榜样作用有很大关系。组长、副组长特殊在哪儿？从某种角度来说，就是多干活、多操心、多付出、多吃亏。

和谐的人际关系是团队的润滑剂。但是，每个支教小组是一个学习型的组织，而不仅仅是一个利益的共同体。一个学习型组织，如果过于强调了润滑剂，润滑剂就会变成腐蚀剂。简单、透明、真诚、讲规则，让知识成为真正的核心，这是根本。失去了这个根本，团队就成了平庸的亲密共同体，并且，劣币会取代良币成为核心。

七

本周六早点吃早饭，晚上7:30开始开第一次会议，会议内容依次为：(1)学习《给老师们的第八封信》。(2)认真学习支教队三个规章制度：《忻州师院赴海南五指山市扶贫顶岗实习支教学生工作制度》《忻州师院赴海南五指山市实习支教学生安全注意事项》《忻州师院赴海南五指山市支教队安全工作补充规定》。组长要逐份在会上朗读，并在重点地方强调。这些制度就是我们日常行为的准则，不仅是写在纸上，更是落实在行动中的。(3)交流一周工作感受，主要谈自己在工作中感受最深、处理得比较满意的一件事，把自己成功的经验分享给大家，提出自己最困惑的事，让老师们讨论。每个老师发言不超过四分钟。(4)组长对本周工作进行总结，对下周注意事项进行安排。(5)共读苏霍姆林斯基《给教师的建议》第一章和第二章。注意共读的规则：每人读一段，轮流进行，读完一段或者若干段，每个人都归纳段意，结合实际，谈谈如何用苏霍姆林斯基的观点指导日常教育教学。最后，主讲人进行主讲、点评。一定要先聆听作者说了什么，而不是把文章的词语当成引出自己话题的引子，这样就成了误读。

会议由组长负责主持。副组长负责记录会议内容。会后，副组长要整理出规范的会议记录(含经典共读)，在周二前以附件的形式发到我的邮箱中，然后，打印出两份，交给所在学校校长和教导主任各一份。

本学期，制作《简报》，分组负责，一月一期，稿件用本组老师的文章，具体安排为：

3 月，番阳学校小组，主编：吴冬雪，副主编：周义宁

4 月，毛阳学校小组，主编：陈华美，副主编：高芳彬

5 月，毛道学校小组，主编：符丽诗，副主编：马彩云

6 月，南圣学校、水满学校小组，主编：云笛，副主编：李虹(考虑到水满学校上网不方便，所以和南圣学校一起编辑)

小组内的其余老师要大力协助主编、副主编编辑稿件，制作《简报》是每个组共同的事，组长要大力协助。每期《简报》要在下月的 5 号前提交我(如 3 月份的稿件应在 4 月 5 号前提交)，6 月份的《简报》要在 6 月 25 日前提交。

编辑程序是：主编安排组员写稿——主编、副主编对上交的稿件进行初次修改——作者修改稿件——主编、副主编再次审核、修改——提交我审核——编辑成册，转化为 pdf 格式文件——发送到我邮箱——我发送到群邮件和群共享。

7 月初，要对本学期四期《简报》进行评比，评选出“学期最佳简报奖”。各组老师要及早准备，遇到相关电脑技术问题，记住一句话：有问题，找百度。

八

昨天，路过毛阳学校的时候，看到路旁的木棉花已经凋落无几，不禁心生惋惜，花期短暂啊！

然而，木棉花虽然短暂，但是却如此尽情怒放、如此火辣辣地活出了自己的生命尊严。

一学期的支教生活，很短很短，但我希望，也相信，我，我们大家，也会像这一簇簇的木棉花一样，在五指山尽情地绽放——

活出我们自己的尊严和价值！

活出一个大写的我来！

我也有我红硕的花朵！

34. 态度决定一切

一

我是一个教练，我看足球比赛不光是看场上的90分钟，我喜欢观察一切别人不关心的细节，特别是在90分钟比赛之外。为什么？因为场外的这些小事情，其实就会反映在足球场上，你在场外怎么做，到了场上你就会有怎么样的表现。今晚在中场休息的时候，中国队的替补队员走进场内热身，我一直在用DV拍。我不能理解的是，这些替补球员在热身时，动作是懒洋洋的，完全无所谓，看不出他们在随时等待着换上场比赛，看不到一点紧张和兴奋。说明什么？说明他们和主力球员一样，没有做好去战斗的准备。上场的球员也没有表现出激情和斗志，我看不到他们像战士一样去战斗。态度决定一切，今晚的中国球员在态度上有问题，不兴奋，反应慢。

这是国家足球队原主教练米卢说过的一段话。为什么米卢喜欢看场外的细节？因为细节中体现态度。态度决定一切，这是米卢的执教理念，也是中国队唯一一次挺进世界杯的重要秘诀。

踢球如此，支教亦然。

二

我们来到海南五指山实习支教和在山西内地有很大不同：一则海南人对忻州师院不熟悉，不了解；二则远离母校，所有的工作基本都得独立面对。五指山百姓对我们的认可靠什么？既不是母校的声誉，也不是领导的支持，而是靠我们实实在在的成绩，靠对所在学校作出的贡献。如果我们作不出成绩，起不到推动作用，任何人的支持都是暂时的，如果我们作出成绩，任何人都会认可并大力支持的。只有作出成绩，我们的支教工作才能一棒一棒地传递下去；只有作出成绩，才能真正达到在实际当中锻炼自己的目的。

但是，成绩如何取得呢？

一句话：成绩来自态度。

没有正确的态度就不会有持久的热情、忘我的投入、吃苦的精神，就不会有精益求精的品质、雷厉风行的执行力和维护团队乃至忻州师院荣誉的高度责任感。

打江山容易坐江山难。

当第一批老师已经用行动和成绩开辟了新的“根据地”，奠定了一个比较好的基础，赢得了不错的口碑时，如何接好这个“接力棒”，并继续“扩大地盘”“壮大队伍”，是我日夜思考的问题。作为二十几人队伍的负责人，我深知创业之艰，深知不进则退，深知“善始者实繁，克终者盖寡”的古训。

成绩才是硬道理。

没有成绩一切都是虚的、暂时的。

所以，在期中考试中，“誓夺第一”是我们每个支教老师唯一的目标。

三

良好的态度是什么？

在周末例会中，南圣学校小组、水满学校小组不仅认真按照要求组织召开了会议，而且详细、规范地整理出会议记录；

番阳学校小组王小金、吴冬雪、常娅婷、林翠不仅自己掏钱给学生买奖品，而且牺牲休息时间，每天利用课余时间给学生义务辅导作业；

山西的王丹丹等六个老师面对水土不服、饮食不习惯的困难，从来不叫苦叫累，一心扑在工作上；

毛道学校许声皇、马彩云面对班级纪律松弛、学生顽劣的情况，知难而进，想方设法，不放弃，不抛弃；

水满学校杜小彦、毛阳学校宋统丹、毛道学校符丽诗三位女老师面对新的环境，克服人生地不熟的困难，积极承担起组长的职责，和所在学校领导沟通，和组员共同克服难题，每天详细汇报工作等。

这些就是良好的态度。

四

期中考试，眨眼就来，任务艰巨，时不我待。为此，本周布置了几项任务：(1)积极给学生开展课外辅导；(2)寻找过去同类学期的试卷，总结重点、难点，把握题型、难度；(3)积极听指导老师、实习老师的课，积极邀请学校领导、指导老师、支教老师听自己的课，以便快速成熟。

从组长汇报的情况来看，毛阳学校、水满学校、番阳学校小组落实不错，其他两组情况不明。

勤能补拙。勤是什么？勤就是积极的行动，大量的付出；我们的"拙"是什么？就是经验不足，方法不多。当务之急，大家一定要充分利用五指山小学生宽松的时间，想方设法为学生开展课外辅导。

在课外辅导上，不能松懈，无须埋怨，而是要争分夺秒，见缝插针。

组长每天汇报什么？除了列举的内容外，就是要汇报每个组员对以上要求的落实情况、工作的进展情况，以及遇到的困难，而不只是甲乙丙丁罗列几条不痛不痒的内容，更不是发一条"一切安好"的短信应付交差。

不论是管理还是教学，不论是工作还是生活，都需要学习航天人"特别能吃苦、特别能战斗、特别能攻关、特别能奉献"的精神，狠下一条心，憋足一股劲，把课堂管理好，把成绩抓上来。

来五指山就是来吃苦的，如果是发达地区，哪有供我们实习的岗位？

来五指山就是来"战斗"的，否则就不需要培训、挑选。

来五指山就是来"攻关"的，否则如何达到实习与支教的目的？

来五指山就是来奉献的，否则哪有当地领导和师生的热情接待与赞誉？

五

工作除了要内修素质，还要外树形象。对于我们来说，"内修素质"就是上好每一堂课，拿出硬邦邦的成绩来；"外树形象"，一个是树立我们的形象，一个是树立班级学生的形象。

热情、积极、朝气蓬勃的当代青年教师应该是我们追求的形象，不论对学校领导、老师，还是食堂师傅、校警、门卫等都要一视同仁，热情打招呼，和宿舍旁的邻居更要处理好关系，不要给邻居带来不方便。如果老师们遇到困难，不论是不是自己分内的事，只要力所能及，都要及时帮忙，与人为善，助人为乐。良好的关系就是靠这样的点点滴滴小事才建立起来的。

最近，一位校长说，学校老师向他反映，第二批老师不如第一批老师热情、积极。第一批老师见了老师主动打招呼，感觉热乎乎，亲如一家人，平常见了领导也是主动询问有什么工作需要帮忙，而第二批中有的老师就比较冷淡、被动。此种情况，我已和相关组长进行了沟通，要在小组会议上强调这个问题，其他小组也要引起重视。

好不是单方面说就行的，只有方方面面说我们好，才是好。某种程度上，学生家长、普通老师、职工对我们的态度更为关键。

特别是本周两个小组的女老师要参加学校组织的为活动，更要在一言一行中体现我们良好的修养和素质。

说到学生的班级形象，上学期各个支教点抓了班级文化，形成了我们的特色，引起了很大的反响。干工作就是要有特色，人无我有，人有我特。这学期，我们第二批老师的特色是什么？我想应该从“两操”抓起，抓出成效来。为什么要抓“两操”呢？

一是通过规范“两操”来培养孩子们的规范意识、团队精神、纪律意识，提高审美能力，进而增强班级凝聚力。

二是抓“两操”相对来说，还是比抓成绩容易，要从容易的地方突破。

三是“两操”是班级的脸，是形象，抓好了影响大。

四是我们老师年轻，学起来容易，精力充沛，易于和学生交流。

接下来的时间，我要到各个支教点看班级的“两操”，组长和班主任亲自抓，组员大力协助，一定要抓出成绩来。

六

只要开展工作就会有分歧，就会有磨合，也难免有失误，甚至错误。只要我们是为了把工作做好，这些都很正常。“不经历妖魔，无以取真经”。这些都是成长、成熟过程中不可避免的。从某种程度来说，也是不可缺少的。

受到表扬，谁都会高兴，面对表扬应该采取什么态度，我不需要太担心，估计还没有几个老师面对表扬就认为胜利在望，万事大吉。

但面对批评和不同意见是什么态度，至关重要。是委屈、伤心、埋怨，甚至任性地把工作问题指向对人的不满，撂挑子不干呢？还是就事论事，认真反思，过而能改？前一种情况还没有出现过，但不能不引起注意。这样的问题在上学期没有过多考虑过，因为上学期男老师多，而本学期女老师多。不是说女老师就一定心胸狭小，情绪化严重，而是在面对挫折和批评方面，男生一般要比女生承受力强点。当然，本学期担当组长的四位女老师从开学以来，工作表现都非常突出，希望我的担心仅仅是担心而已。

实际生活中，干的工作越多，就越容易受批评，因为你的失误几率会更多，但是受锻炼的机会也更多。付出和收获总是成正比的，用正确的态度对待批评，受益的不仅是工作，更是自己。

七

本周晚上，大家共读《给教师的建议》第 75 和 76 章。刚性的分数要求、调皮捣蛋的孩子、封闭的学校生活极容易使我们偏离教育的本质，抹杀一个个鲜活生命的个性，忽略了生命本身所蕴藏的神奇和魅力。就让我们在一周闲暇的时候，走进经典，在咀嚼词语中，倾听智者的心声，体会教育的真谛，从而丰富自己的生命吧！

后天就是二十四节气中的惊蛰了。在北方，从这一天开始，天气回暖，春雷始鸣，蛰伏于地下冬眠的昆虫一一惊醒，生命开始苏醒。然后桃花红、李花白，黄莺鸣叫、燕飞来。“微雨众卉新，一雷惊蛰始。田家几日闲，耕种从此起。”

从这个节气后，农民们就要在这个四季轮回、繁衍了几千年的土地上开始施肥、浇水，准备春耕了。

在农历的天空下，我们、我们的学生不也是一个个颗粒饱满的种子吗？扎根泥土，吸吮大地甘泉，沐浴春风雨露，让生命尽情绽放吧！

下周就是一年一度的妇女节了，我送上真诚的祝福：节日快乐！

35. 于躬行处寻求超越

本周，一则关于日本地震的消息震撼了我："在许多技术员撤离福岛核电站后，仍然有50名员工留守那里，其中有20名是志愿者，他们冒着超高的核辐射，试图用自己的身体，筑起保护福岛核电站的最后一道屏障。核防护专家表示，他们连日在超高的核辐射环境中工作，有七成人可能在两周内死去。"

慷慨捐躯易，从容就义难。危急关头，奋不顾身，英勇捐躯者古今有之，为了面子或金钱而发生口角，一时冲动丢掉性命的也大有人在。而能比较从容地、理智地选择死，弃去生，这样的选择难，这样的人少。

尤其是在我们的逻辑中，习惯了每做一件事，都要有一个或名或利的目标，对这种连自己的身体健康乃至性命都在所不惜的选择，感到不可思议。

他们为了什么？

不为什么，就是一种职责、使命感所在。这种使命感不是金钱换来的，再多的钱也买不来生命；这种使命感不是可以用名利来衡量的，外界连他们的名字都不知道。在发生危机时，仅仅是考虑：留下来想方设法处理目前的危机。至于或高或低的评价只是外人甚至后人的事了。

选择往往是很难的，但正是在这种生死选择中彰显了人性的光辉，彰显了生命的尊贵。此种选择重如泰山。

回到当下，对于我们支教工作来说，面对一个个孩子，在自己的力所能及范围内，竭尽全力做好自己的事，这就是我们的职责和使命。

面对"福岛五十勇士"的选择，一切推脱之辞都是苍白的。

一

本周，我的内心总体感受是：感动。

我在毛道学校听了马彩云和李思思的课，在水满学校听了李虹三年级的语文课。虽然初登讲台，各方面还有待继续提高，但大家认真执着的精神令我欣慰，特别是毛道学校五(2)班在许声皇、马彩云两位老师的努力下，纪律已经有很大改观，我知道这是很不容易的。

周三，海南省教育厅和五指山市教育局的领导在番阳中心小学听了吴冬雪老师的课，在课后的反馈会议上，专家给予了很高的评价，尤其是得知冬雪还仅仅是登台不久的实习生时，更是赞不绝口，夸赞忻州师院培养的青年教师素质高。对此，不论是我还是番阳学校的领导都非常高兴，冬雪不仅圆满完成了番阳学校的工作任务，而且为忻州师院增了光。

本周，各小组的老师都在积极进行课外辅导、加班加点，我所知的番阳学校小组的老师，都是早出晚归，废寝忘食，课外辅导很有成效。各支教点的班主任自己掏钱买布置教室的用品，买打印试卷的纸张。此种付出、此种精神，让我感动不已。水满学校、南圣学校、毛阳学校小组的老师继续帮学校整理图书，加盖印章。尤其是南圣学校小组的五位老师，不仅要盖章，而且还要分类上架，基本上每天晚上加班到 12 点多才休息，非常辛苦。

尤其让我感动的是南圣学校小组的五位老师精诚团结，对每次信中布置的工作认真落实，两个教师宿舍和教室都在原来的基础上进行了漂亮的文化装饰，宿舍被子叠得整整齐齐，课余时间，还组织学生进行了拔河比赛。

微博上北京大学周其仁教授两句话让我深有感触。他说，有比知识、技能更加重要的东西，那就是信任。他们的团队在研究了农民工的收入以后发现，收入最高的人，往往并不是体力最好、技能最好的时候，而是最受信任的人。中国最重要的事情也许不是创新，而是把每一件事情做好。

是啊，成为一个受人信任的人，一个把每一件事都做好的人，非常重要。

二

开卷有益。

当整理好图书后，接下来，大家一定要有规划，有组织地让我们的学生多读书，带领孩子们走进书籍的海洋，吮吸知识的琼浆玉液。谈到书籍的作用，我总是会想起狄金森的诗歌《没有一艘船能像一本书》：

没有一艘船能像一本书
也没有一匹骏马能像一页跳跃着的诗行那样——
把人带往远方
这条路最穷的人也能走
不必为通行税伤神
这是何等节俭的车——
承载着人的灵魂

朱永新老师说："一个人的精神发育史，就是他的阅读史。"五指山市大部分农村孩子在家是没有书可读的，父母文化水平不高，家庭缺乏文化氛围，孩子读不到合适的书籍，所以，孩子的文化底蕴非常贫瘠。我们在上课时，感觉到许多孩子不论是朗读、识字，还是理解、表达能力都非常低，给孩子讲道理时，总觉得难以沟通。什么原因？就是因为他们阅读量太少，底子薄。如果我们不在学校加以弥补，那么孩子童年的精神生活就是苍白的，发展的后劲也是不足的。

其实不是孩子们不喜欢读书，而是由于没有书籍，也没人引导。上学期，我在毛阳学校听课时，看到课间十分钟，很多小学生从班级图书角拿出书来阅读，令我很高兴。现在有那么好、那么多的图书，如果束之高阁，实在是天大的浪费，而且首先就对不起那么多捐款、献爱心的忻州师院领导和师生。所以，大家一定要通过图书角、故事会等方式，专门留出阅读时间让孩子们阅读。番阳学校小组王小金每天晚自习前让学生阅读半小时，就是很好的办法。

学院领导对建"爱心图书室"之事非常重视，为此亲自查看了五指山小学的图书室，每个细小的环节都亲自过问，如果连我们捐的书都不充分利用，不带领孩子大量读书，实在对不起学院领导的良苦用心，对不起忻州师院几万名师生的爱心。

为什么许多老师感到不会教作文？为什么让学生明白一个简单的问题那么吃力？为什么学生对你的话总是置若罔闻？原因在于老师脱离书籍的海洋，仅凭借手里的教科书来教孩子，所以走进了死胡同。一滴海水离开大海，岂能不干？老师一定要知道：比你的作文技法更伟大的，是那些伟大的作品，它们比你更善于教会孩子热爱写作；比你的大道理更能打动孩子的，是那些伟大的故事，灵魂没有唤醒的孩子，连成绩也难以保证；丰厚的智力背景，让最残酷的考试也变得如此容易。

让伟大的故事穿越孩子们的心灵，让孩子们因我们而喜欢读书。从某种程度来说，这比单纯的考试成绩更重要。

三

其实，如果仅仅是为了提高学生的考试成绩，仅仅以学生的成绩来衡量我们的支教成败，这还是比较简单的。只要付出辛苦，严格要求学生就能做到。但我们应该看得更高、更远。我们不仅要为孩子的当下负责，还要为孩子的将来考虑；不仅把今天的学习看作是为将来的发展做准备，还要让每一个孩子有一个完整而幸福的童年。从后者的意义来说，我们的工作任重而道远。

不禁想起学院领导在去年看望支教老师时一番语重心长的话语："要真正改变贫困地区的教育，绝不是凭一两次成绩好就成够做到的，希望老师们通过扎扎实实的行动切实改变山区孩子的行为习惯、学习习惯，激发学生学习兴趣，培养学生良好人格，提高学生综合素质。”

教育学生少看动画多读书，能讲流利的普通话，不吃“垃圾食品”，起床后要叠被子，不迟到早退，见了老师主动问好，课堂能举手大声回答问题，能写工整的汉字。通过具体的活动培养孩子的卫生、规则、爱心、节俭、孝敬、劳动、感恩等意识，这才是我们给五指山市农村孩子最大的关爱和帮助。

但对这一点，我觉得还是有许多实习老师认识不到位。上周的信中，我提出实习老师要叠好被子，这周我到了几所学校查看，大部分老师的宿舍都收拾得很干净，但还是有个别女老师不叠被子。我知道，这可能是一种习惯，但因为我们培养的孩子要走出五指山，走向外面，所以，就不能以当下的习惯作为标准。

小事不小，改变孩子，先从每天叠起被子做起。

四

本周课堂听课，发现的最大问题是：学生缺乏必要的训练。因为缺乏训练，所以课堂管理就始终是一个大问题。

什么是训练？就是对学生在课堂上的坐姿、朗读的姿势、举手的动作、听到老师点名的反应、记笔记的方式、红领巾的佩戴、桌子物品的摆放等课堂行为都要有规范的要求，拟定好标准后，要反复、严格地训练，最终让学生达到自动化、规范化的程度。

正如军人一样，在部队不论是走路、坐姿、衣着、发型，还是被子的叠放、洗漱用品的摆放等都有规范的要求，更不用说开车、打靶、演习等专业工作了，那更是精益求精。

训练有素就是要让学生把优秀养成一种习惯，然后让习惯慢慢内化为品质。训练有素一开始要比较艰难，但一旦养成，老师会非常省力。这是许多优秀老师取得成功的不二法门。

其实训练有素不仅是对课堂管理的要求，就是对教学方法，也应该达到训练有素。比如，对老师们比较头疼的识字教学，如果达到“书空”的训练有素，那么学生学起来就容易、有效，老师教起来也轻松、省力。

什么是“书空”？就是让学生用手在空中书写汉字。老师把识字的各项要求，变成一个连贯的环节，然后形成顺口溜，以后只要老师一指生词，学生就自动认读了。如对一个“杆”字的认识，要分成三个环节：先读字音和声调，其次认结构，最后读笔顺和笔画。把这三个环节连起来，就读成：“gan，四声杆，左右结构四声杆，横竖撇捺，横横竖（最后读笔画时，学生要拿起右手在空中随着笔顺来写）。”把一些教学方法加以固定化，这也是一种训练有素，当你和学生达成了这样的固定的“暗语”后，教学效果会大大增强。

上次我表扬了常亚婷班级学生读书的姿态，就是训练有素。本周我看到南圣学校老师的班级，学生打扫卫生时，教室里的凳子都整整齐齐地反扣在桌子上，这也是一种训练有素。

许多老师头疼教室里学生左右轮回换座位，往往得花费半小时甚至更多时间，而教育家魏书生老师，能让学生仅用十秒钟的时间把座位换好，秘诀是什么？就是训练有素。

所以，能否达到学生的训练有素，既考验老师的耐心，也考验老师的智慧。

五

本月，番阳学校小组承担《简报》的制作任务，目前相关老师正在积极学习各种电脑技术，大部分文章已写好，正在修改中。

我知道，制作《简报》对很多老师来说，是极大的挑战。一来是时间紧张，二来电脑技术不熟悉，三是还有很多老师没有电脑，上网不方便。但为什么还要以高标准要求呢？我想，年轻人、青年教师的标志是什么？最重要的就是接受新事物，学习新事物快，就是敢于挑战自己。所以，不会，我们就学，不懂，就问，但不能以不会、不懂，作为完不成工作的托辞。

上学期，陈思思、黎培刚、王俊杰等老师经受了挑战，并完美完成了任务，所以，我相信，大家也能交出一份完美的答卷。这也正是实习的意义所在。从现在的进展情况来看，主要暴露的一点问题是：虽然明白了道理，但准备不到位。

很多事情道理很容易明白，但是却很难做到。主要是因为准备不到位、状态不到位、过程不到位(每个环节不能做到100分)，效果也就不到位。因此，道理距离行动的差距很大，而行动距离效果差距更大。

后几个月做《简报》的小组，就应该从现在准备起，而不是事到临头，才匆匆忙忙，应付交差，甚至还会心生怨言。

《简报》如此，应对考试也是如此，还有一个月左右就会期中考试，精明的老师，就不会是在考试来临之前，才匆匆忙忙抱怨复习时间不够，而是从现在就开始准备复习，把复习贯穿于每天的课堂和课余时间当中。

所以，请记住，比方法更重要的是到位。

六

每到一处，我都询问大家，周末做饭谁做得多，所有小组的组长都说是大家一起做，不存在谁多谁少的问题。我不知道是事实如此，还是组长不想让我担心而这样说。如果是前者，那我就很欣慰。

我知道，在教学上，大家都能独自开展，理性面对，往往矛盾的产生就来源于日常生活的小事当中。一个人的品质如何，劳动就是很好的试金石；一个支教小组和谐与否，从做饭就能看出来。

在此，我重申：在支教队中，不存在谁就是专门做饭的，谁要张口吃饭，谁就要动手做饭。当然组长要多操心、多付出，但不代表组长或副组长就应该每天做饭。会做饭的人当然要多做一些，但不代表不会做饭的老师就袖手旁观，坐享其成。不会做饭，起码可以洗菜、买菜、洗锅，更何况还可以学习。理想的状况是各尽其能，分工合作。

组长要对全组的生活、工作、纪律等全部负责，副组长要积极协助组长开展工作。这是制度的安排，既然承担了这一项工作任务，就要相应地承担起相应的职责。不论说话还是做事，组长、副组长就不能仅从个人角度出发，仅从个人喜好出发，要时时刻刻考虑他人，考虑大局。开展工作，就不能怕得罪人、麻烦人，就不能做老好人。对管理者而言，多付出、多吃苦是分内的，遭受误会、抱怨也是正常的。所以，既不能在工作中拈轻怕重，更不能因为一时的被人不理解就灰心丧气，缩手缩脚。如果你能坦然面对这些，那就成熟了。当然，当工作中出现困难时，首先应该冷静下来，理智地考虑方式方法是否妥当，此时，换位思考是最好的办法。如果自己认识错误，而导致别人的不理解，更应该坦然接受并改正了。

对于组员来说，对组长安排的不论是教学还是生活中的工作，都要不折不扣地执行，除非能力达不到或者有其他特殊原因。在周日例会上，面对组长指出工作中的不足，应该采取“有则改之，无则加勉”的态度，因为“挑毛病”是组长的职责所在，组长在此时是代表支教队在开展工作。特别是支教队的很多工作会通过组长传达、布置，所以，每一名老师要理解，而且积极去做。当然，听从安排，不等于工作中不能商量、沟通，不等于不能澄清事实。服从安排是态度问题，商量讨论是技术问题。

一个篱笆三个桩，一个好汉三个帮。从古到今，一个人如果缺乏沟通、协作能力，不善于与人合作，没有团队精神，很难说能在社会中取得多么大的成就。

七

日本地震再一次让我们深切地感受到：时光永恒，生命短暂而又脆弱。

不要太多问：“为了什么？这样做有意义吗？”

福岛核电站50位技术员为了什么，连自己的性命都不为了，还能为什么？就是一种简单的回答：此刻留下来，这是职责。

微博上的一则话，发人深省：“意识到必死的命运，人方能努力地学习生；意识到人生的虚无本质，人方能学习信仰；意识到自己的无知，人方能开始真正的知。

这就是生存之辩证法。太多的人终其一生，不能将前者纳入自己的存在，所以，便也无法抵达后者。或者，能在修辞的层次上抵达前者，却无法在存在的层次上抵达前者。”

作为在五指山短暂实习支教的大家，应该如何度过这短暂的100天？

答案在你我心中。

36. 从安田说起

因为放假，所以，本周的信推迟了一天。

放假了，校园里空空的，四天假期，所以写信也不着急。本来题目已经拟好：《没有治咳嗽的药》，但今天上午，看了《非诚勿扰》中安田的节目，看了几则关于安田的评论文章，心有感慨，所以就换成了现在的题目。

第一次见到安田这个名字，是从李镇西老师的博客中，因为对娱乐节目、娱乐人物的不关心，所以没有过多注意，后来在网站上又不时看到这个名字，就又打开李老师的博客细读了文章，然后看了节目视频，后来又知道他是日裔美国人……

还是先回顾一下电视节目：

安田进入了男生权利，面对两位美女——其中一个正是他选的"心动女生"，他提了一个很有意思的问题："如果明天你中了1000万美元，你会怎么去花它呢？"安田的心动女生回答："我会跟现在一样，没有改变。"安田似乎有些失望，但依然怀着希望地追问："能不能说具体些呢？"心动女生依然说："和现在一样，不会有什么改变。我不会想到有什么地方特别需要去花，然后我就是该怎么样还是怎么样吧。"而那位来自中国台湾的女嘉宾的回答是："我会带妈妈出去玩，让她不要工作了。"

安田显得有些迷惘。孟非问他会如何处置这笔飞来之财时，他很认真地回答说："这不是笔小数目，必须要好好考虑它的用处，我可以用它建一个基金来照顾孤儿或救助社会贫困的人，或者捐献给学校用作奖学金。你必须有那种'为人民服务'的精神，你有这个机会上那么好的大学了，你必须要好好用这个机会回报社会，帮社会。在哈佛，我们都是这样的，就是说……"说到这里，他改用英语说，"入学是为了知识的增长，毕业是为了更好地服务国家和人民！"

最后孟非要他在两位美女之间作出最后的选择，安田思考片刻之后，很为难地说："我不能作选择。现在，就是说，我觉得为人民服务，还是最重要的一件事情吧。就是你有钱的话，你应该怎样去花它，这个问题，必须好好地考虑，好好地思考嘛，所以我就出台(出局)了……"

看到这儿，我不想站在道德的高地标榜什么，指责什么，或者要求什么，我只是从内心为这种"高贵而庄严的失败"而折服。

在现实环境中，“为人民服务”“回报社会”这些词语出现在书面语境中多，如果谁在现实语境中还强调这一点，估计会被很多人耻笑为“精神病”，而且病得不轻。以青年教师为例，几乎共同的话题都是：如何就业，什么工作更能赚钱，什么工作更有发展前途。不是说谈这点就不对、不好，其实，这也是老师们面对社会大环境的无奈选择。谈这点的都还是比较上进的老师，但是对比安田的选择，能感觉到境界的区别。安田在后台的采访中说，他毕业时放弃了进银行赚很多钱的工作，选择了继续上学，觉得应该有社会责任感。由此可知，安田不是口头标榜，而是用行动来兑现在自己的信仰。

安田是哈佛本科，牛津硕士，加州大学伯克利分校的博士。“入学是为了知识的增长，毕业是为了更好地服务国家和人民！”这样的话，我们是停留在口号、标语中，而哈佛却将此渗透进学生的人生信仰中。

二

职业影响思维。李镇西老师看娱乐节目想到的是教育，而我则时时想到的是支教。

闲暇之余，我经常想，我们来到五指山，以什么心态来定位？

独善其身，尽力而为，备好课，努力管理学生，按部就班完成学校或支教队交给的各项任务。这样的态度对不对？当然对，而且真的做到了是很不错的。

但是，总觉得差点什么？差什么呢？从两个姑娘的选择和安田的选择对比一下即可看到：两个姑娘面对1000万美元，一个选择“还是这样”，一个选择带妈妈旅游，客观来看，这都是很不错的，一个能在财富面前保持平常心，没有成为金钱的奴隶，一个有孝敬父母之心。但安田选择什么？“建一个基金来照顾孤儿或救助社会贫困的人，或者捐献给学校用作奖学金。”

我想，这不是对与错的问题，而是境界高与低的问题。

为什么要强调这点呢？因为以什么样的标准来找对象，是道；如何找对象，是术。以什么样的心态来工作，是道；如何做工作，是术。

道不同，不相与谋。道不通，术也行之不远。

工作做到合格，靠辛苦；工作做到优秀，靠责任心；工作做到卓越，靠信仰。因得到认可和回报而努力工作，这是激励在起作用；没人认可，没有回报，依然努力工作，这是信仰的作用。看到成功，努力工作，这是追求；看不到成功，依然努力，这就是信仰。

是的，除了必要的物质追求，人是应该有点信仰的。

二

为人民服务，有社会责任感，不只是一句话，不是空喊一个口号。它必须有一定的依托。

落实在今天的实习支教中，就是有一个责任心：对忻州师院的责任心，对教室里孩子的责任心。这其实是一个主体的两个角度。这两个方面做好了，我们也就回报社会了。

我们远离山西，以忻州师院的名义来到海南支教，就要真正做到对五指山的教育有推动、影响、改变。这样，我们就为忻州师院增了光，树立了忻州师院在海南的良好形象；这样，我们签订的六年协议才能真正落实下去。形象是怎么树立起来的。就是靠我们一批批支教老师的成绩树立起来的，是靠我们完美地做好一件件小事树立起来的。现在绝对不是“打江山容易，坐江山难”的问题，而是我们还没有“打下江山”，我们在当地的影响力，还没有树立起来，谈何“坐”？

每一个孩子，漂亮也好，丑陋也罢，聪明也好，愚笨也罢，都是一个个鲜活的生命，都是有无限发展可能、无穷可塑性的生命。支教对我们而言只是上大学中的一个过程，但对于成长阶段的孩子来说，你就是他这一阶段的唯一。花谢可以再开，车坏可以重修。但对于孩子来说，童年所受的教育不会再有。

以对待生命的高度，以对待忻州师院的责任感来做好我们当下的工作，这就是我们在回报社会，这就是作为人类一员的我们的价值所在。这与荣誉、报酬无关。

而对于我来说，除了有以上两个责任心，还有一个，那就是要对来五指山实习支教的每一个老师的责任心。这种责任不仅是身体安全，更重要的是每一个青年教师自身内在的真正成长。也就是说，这段生涯不仅要大家“发光”，也要“充电”。这也与荣誉、报酬无关。

三

正因为这一点，我要求大家每周要共读经典，要学会阅读，丰富自身的精神财富；要求大家大量地写，写周例会总结，写月总结，写《简报》。

为什么强调读经典？一是现实教育教学中的困惑，必须从经典中汲取养料，寻找答案；二是通过阅读经典，培养我们的知性阅读的能力。实际上，我们大多数老师的阅读能力不高，阅读量也很小。阅读能力的大小，决定阅读量的大小；阅读量的大小决定知识量的多少，知识量的多少决定工作质量的高低；工作质量的高低决定薪金的多少。这就是对阅读作用最浅显的表达。

有的老师强调忙，我想说，再忙，能忙过毛主席、周总理？时间不是问题，认识才是关键。

为什么强调写？写的重要性有多大？看看公务员考试中《申论》占的比重就知道。为什么公务员考试中写作占的比重如此大呢？因为写作能够看出一个人的逻辑思维能力、分析概括能力、思辨能力、表达能力等。而现实中，我们的写只是如QQ空间、博客中随感的、个性的、片段的只言片语，缺乏缜密、理智、完整的书写。所以，对于写作的困难，绝不是不写的托辞，而是更要认真写的原因。

正因为这一点，我反复强调要引导学生多读书，让学生达到阅读的自动化，要给学生丰富智力生活。要创设教室文化，禁止吃零食，倡导讲普通话，开展朗诵、演讲、广播体操等活动。

正因为这一点，我把四份“五个一”方案退回去要求重做，对番阳学校小组的《简报》工作进行了批评，对几个老师的月总结退回去要求重写。

正因为这一点，上周两个场景让我最高兴：周二，在毛道学校听课，看到原来乱糟糟的五年级，现在上课秩序很好，转变很大；周三的晚自习前，在番阳学校，其他班级秩序很乱，但由我们三位实习老师任班主任的四年级三个班，非常安静，学生都在静静地读从图书室借来的书籍。

四

谈完“道”的问题，说点具体的“术”。

有的老师打电话询问，班级里的女生最近不听话，有什么办法？有的老师询问，学生不读书怎么办？有的抱怨学生连拼音都写不好怎么办？有的老师说，上学期有网络，这学期一直接不上网络等。

我问，是什么原因造成的？每每这时，大都说不出所以然。“对症”才能“下药”，找不着症结，怎么能寻到“良方”呢？

遇事急于寻求对策，而非探究原因。这样的人不能做医生，否则，会草菅人命。世界上没有治疗咳嗽的药，只有治“因……而引起的咳嗽”的药。不懂、不屑或不愿归因，自然要走许多弯路，吃许多苦头。

很多问题，因果都是关联的。为什么学生课后不愿意留下来做作业？因为上课就没有听懂。为什么上课不愿意学习，没有掌握知识？可能是老师教学的问题，也可能是学生自身“智力背景”贫乏，阅读、书写都没有达到“自动化”。为什么智力背景贫乏，阅读达不到“自动化”？因为学生课外阅读少。为什么给了学生图书，学生也不愿意读呢？因为老师读书少，精神财富贫乏……

所以，遇到问题，先要去冷静分析其背后的原因，再寻找对策。否则，头痛医头脚痛医脚，导致许多普通病都成了“疑难杂症”。

五

按此种思路进行，就可以看出，之所以上学期有网络，这学期还没有，是因为我们和当地领导、老师沟通、交流得少。缺乏沟通交流，这是每个小组都或多或少欠缺的一点。

学生的成长、考试的成绩，这是硬道理；良好的人际关系，努力赢得所在学校领导、老师的支持与赞誉是软环境。二者，相辅相成，同等重要。既要一心一意做工作，不误人子弟；也要积极争取外部的支持和认可。良好的舆论环境是做好工作的条件之一。

所以，上周特地要求组长和副组长向校长等领导汇报工作，要把每月、每周总结交学校，要谦虚地向学校领导和指导老师请教。特别是要和宿舍周围的邻居相处好关系，礼貌一点，谦虚一点，主动一点。

下一步，既然我们都有了指导老师，就要扎扎实实地向指导老师虚心请教，请教就是学习，请教就是宣传，请教就是树立形象。

六

“五个一”活动重在平时的读书，演讲、展板是最后的展示。有的班级，学生还没有认真读书，就开始让写征文，这只会加重学生的负担。从现在来看，很多学校都对活动给予了大力支持。毛阳学校、南圣学校、毛道学校、水满学校等都将此项活动纳入了学校的活动之中，希望大家一定要认真组织，作出成绩，起到良好的效应。否则，说了不做，会有副作用。

本周，我在毛道学校听了许声皇、符丽诗的课。虽然课堂教学得到了当地学校领导的认可，但还需要很大的提高。现在我们根本的困惑还是在课堂上。对此，要明白，学校的赞誉更多的是包容、理解、客气，但自身必须有清晰的认识。需要赞誉，但要的是沉甸甸的、受之无愧的赞誉。有人经不住批评，有人经不住表扬。现象不同，本质一样。

下一步，我要继续跟进课堂。下周，先从番阳学校和毛阳学校开始，老师们准备好课，邀请好学校领导和指导老师，然后通知我。听完课，我要参与学校的评课。以此来进一步加强课堂教学，其他三个小组的老师也要做好准备。

放假结束，我期待三月份精彩的总结，总结就能看出一个人工作的态度，因为只有做得精彩，才能写得精彩。

七

在小组的和谐上，我在以前的信中曾经强调："我们应该是一个学习型的组织而不仅仅是一个利益共同体。一个学习型组织，如果过于强调了润滑剂，润滑剂就会变成腐蚀剂。简单、透明、真诚、讲规则，让知识成为真正的核心，这是根本。失去了这个根本，团队就成了平庸的亲密共同体，并且，劣币会取代良币成为核心。"

在团队磨合的过程中，最容易出现的问题是，面对一项工作，不是把注意力放在"如何做好工作"的焦点上，而是落在面子、人情这些俗套的人性弱点上。用简单的人际关系原则来对待工作中的争论，所以导致最后症结不在事，而在人上面。如果对，不怕争论；如果错，不怕批评。大部分团队内部的摩擦都是因为失去了"简单、透明、真诚、讲规则，让知识成为真正的核心"这个根本，不是吗？

八

作为我，一个十多年在中学一线的教师，我深深地知道大家在工作中的甘苦与困惑，为学生调皮而困惑，为课堂教学而困惑，为找不到好的办法而困惑，为寻找不到原因而困惑……

其实，这种困惑也是绝大多数一线老师在教学生涯中所经历的，还有一部分老师没有困惑，但不是穿越了，而是逃避了。我们总爱强调没有经验，但这种困惑与经验没有关系。

看看电影《放牛班的春天》与《生命因你而动听》中的马修和贺伦老师，就会知道我们短缺什么。

我们不是短缺浅薄的"爱"与"信任"的态度，而是短缺真正"爱"学生的能力，真正唤醒生命的能力，短缺对知识的真正热爱和敬畏。

想一想，我们真正热爱我们所传授的课程吗？真正为我所教的课程知识而战栗吗？没有灵魂的战栗，没有对所教学科的热爱，怎么会唤醒学生的思，以及生命的战栗？

理解不了这一点，哪怕再有十年、二十年的经验，哪怕职称到达高级、特级，也无法到达卓越的境界。很多时候，首要的问题，不是教育孩子，而是教育我们自己，因为已立方能立人，已达才可达人。

说到这儿，我不禁又想起白岩松的话来："我最大的困惑是自己经常不够优秀。"

不是说安田达到了怎样高的层次，但作为教育者，应该有安田那样超越个人小天地的境界。可能在现实中,会有人嘲笑、质疑安田这样的选择,如果是这样,那么不是安田是另类,而是我们"病"了。

生命本是一曲华美的乐章,教师自身要成为竖笛,让自己的生命吹出最美妙动人的调子。

让生命因彼此而动听!

这已经不仅仅是由安田想到的了。

第六章

爱是能力而不是情感

教育需要爱。从教师专业角度来讲，爱不是一种情感，而是一种能力。许多老师缺乏的不是爱学生的情感，而是爱学生的能力。教师要爱学生，就要理解学生，关心学生，对学生有责任心，尊重学生。有爱心的教师应该同时具备母性之爱和父性之爱，对错误零容忍，对灵魂无限关心。爱心并不是一种与人成熟度无关、只需投入身心的感情，如果不努力发展自己的全部人格，不努力提高专业能力，那么，教师是没有爱学生的能力的。

37. 想说"爱"你不容易

一

前一段时间，有一位老师在群中感慨："如何才能让学生感受到老师的爱？"

我回复："讨论这个问题之前，先要弄明白老师应该给予孩子什么样的爱，如何给予爱。"

今天，就谈谈教育中的爱心问题。

教育需要爱心，这是一个老生常谈、人所皆知的话题。马卡连柯说："没有爱便没有教育。"冰心说："有了爱，便有了一切；有了爱，才有教育的先机。"夏丏尊说："教育没有热情，没有爱，如同池塘没有水。没有水就不能称其为池塘。没有爱就没有教育。"当代语文教育名家李镇西的成名作就是《爱心与教育》。

应该说"教育需要爱心"这个真理是朴素的，但要让这个真理发挥现实作用，却不是容易的，因为许多老师把"爱心"理解为一种态度、情绪，而不是真正的、有强大力量的情感。

真正的爱心首先表现为对学生积极的关心。这种关心不仅仅是一种态度，而是一种创造和培养。就像母亲照顾襁褓中的婴儿，随时关注，并喂奶、洗澡、换尿布，一个真正关心学生的老师会为每一个学生的点滴成长而操心、操劳，付出汗水和辛苦。如果没有这种关心，那么爱心往往就是一种情绪，而不是情感。一个真正关心学生的老师，不会对学生的学习状况、情感状况麻木不仁、听之任之，否则，无论他如何强调对学生的爱，也不会有人相信。爱心和劳动是不可分割的，人们爱自己的劳动成果，人们为自己的所爱之人而劳动。正如《小王子》中，小王子"驯养"了这朵玫瑰，所以对之充满了感情，没有任何一朵玫瑰可以替代。

爱心还表现为责任心，这种责任心不是来自于外部强求，而是源自教师内心觉醒后的自觉行动。有责任心的教师把教育作为此生天命之所在，工作不仅是为了薪资，而且是为了赋予生命以意义与尊严，是生命的自我救赎。他悲天悯人，知全守分，努力在教室"开出一朵花"来。他认为学生的成长不仅与学生有关，而且与老师自己在世之价值和成就有关，对学生的负责，就是对自己的负责。责任心是我对另一个生命表达出愿望的答复，"有责任心"意味着有能力并准备对这些愿望给予回答。有良好愿望而没有教书育人的能力和有能力而不愿付出行动，造成的结果都是误人子弟。所以，有责任心的教师必定是拥有高度专业能力的教师，是一个优秀而不是平庸的教师。

爱心的第三个要素是尊重。尊重学生就要接受学生独有的个性，而不是强求其成为老师希望的样子；要努力使学生以其自己的方式成长和发展，而不是完全受控于他人。尊重意味着学生是为其自身，而不是为了老师、家长或其他外在目的而成长。如果没有尊重，责任心就很容易异化为控制和奴役，很多非常尽心的家长之所以与孩子的关系僵化，就是没有真正尊重孩子。或者是没有考虑孩子的个性特征而盲目跟风，或者用孩子的成功来补偿自己成长中的遗憾。一个老师只有在自身成熟、独立，而不被考评等外在因素控制时，尊重学生才能成为可能，很难想象一个为校内考试排名而惶恐不安、焦头烂额的老师能够真正尊重学生。一些老师非常敬业，但和学生关系僵化，原因就在于此。当一个班级的后进生内疚的不是自身没有成长，而是给班级拉了“后腿”，给班主任脸上抹了黑时，就是老师缺乏尊重的表现，因为他内心已经顾及不到学生的内心感受，他在意的是班级的成绩和学校的考评。

爱心还意味着要认识学生。只有了解学生，才能谈得上尊重。没有认识作为基础，关心和责任心都是盲目的。而如果不是从关心的角度去认识，这种认识也是无益的。很多家长、老师不是不想尊重孩子，而是缺乏认识孩子的专业能力和眼光。例如，会把孩子的许多心理问题误认为道德问题。认识学生，就是要透过现象而深入内部了解本质：一个表现出勇敢无畏行为的孩子，也许是为了遮掩内心的怯懦和虚弱；一个强烈追求成功的人可能是源于内心的自卑感；一个孩子顽固、无礼可能是为了引起老师的关注或其他同伴的崇拜；许多孩子懒惰是为了缓解他当下的处境，遮掩自己的无能和无所成就；残酷的行为隐藏的是内心的虚弱，过分的雄心反而会妨碍孩子的健康成长，因为他的生命目标紧紧聚焦于超越别人……

关心、责任心、尊重和认识是相互依赖的，只有在成熟的、能够创造性地发挥自己力量的教师身上方可看到这些态度的集中表现。

二

有的老师把爱心片面理解为沟通、赞赏、激励，结果导致学生无原则、无底线的放纵。还有的老师认为爱心就是严格，爱之深，方责之切，但学生还往往不买账。其实，这些都是对爱心的片面认识。一个有爱心的老师应该同时具备母性之爱和父性之爱。

母性之爱是一种无条件的爱。母亲爱孩子没有任何条件，只因为这是我的孩子，而与其性别、外貌、才华、品德等无关。母爱是一种和平、祝福，不需要去赢得它，也不需为此付出任何努力。但这种无条件的爱有其缺陷的一面，有没有母爱和主观努力没关系，即这种爱不仅不需要用努力去换取，而且也根本无法赢得。

正因为有母性之爱，孩子才对这个世界充满信心、信赖，并敢于去尝试和探索。缺少母爱的孩子会缺乏安全感和信任感，失去面对世界的勇气，也缺乏真正爱别人的能力。缺乏母性之爱，会让人一生或者怯懦或者逞强（掩饰恐惧）。母性之爱的过度就是溺爱，无原则的溺爱将导致孩子精神成长停滞，而发展出一个过于任性、依赖、软弱无力的人。

老师要给予每一个学生以母性之爱，不以成绩的高低、外貌的美丑、家庭的出生等其他因素而进行区别对待。对犯错误的学生，严格批评其行为，而对灵魂则无限宽容、悲悯。一个老师能不能给予学生以无差别的母性之爱，主要看其如何对待后进生和犯错误的学生。赏识教育所秉持的“承认差异、允许失败、无限热爱”理念，其本质就是母性之爱。

父性之爱是有条件的爱。父亲的原则是：“我爱你，因为你符合我的要求，履行我的职责。”孩子要想获得父爱必须通过自己的努力去唤起，如果不符合这个条件，不仅得不到父爱，甚至还将接受某种惩罚。父爱的本质是提出要求，确定原则。虽然父爱是有条件的爱，但其积极的一面是，这种爱受自己的控制，因为可以用自己的努力来赢得。

正因为有父爱，所以孩子才对自己的生命有更高的期许，并能够因此而承受寂寞、痛苦和挫折。如果说母性之爱的作用是给予孩子一种安全感，那么父性之爱则是让孩子建立规则意识，正视生活中的种种困难。缺乏父爱，可能会让人一生琐屑平庸。只在父性之爱笼罩下成长起来的人，会刚硬而冷漠，忠于严格的秩序而无法面对丰富性。2000 年，浙江省金华市高二学生徐力在重压之下（母亲要求儿子每次考试成绩都要排在班级前十名）无法实现母亲提出的目标，深感委屈和压抑，将母亲杀害。这是母性之爱缺失，父性之爱过度的极端现象。

老师要给予学生以父性之爱。严格要求每一个学生，确立生活规则，对学生的行为给予及时且恰当的反馈，进步就要毫不吝啬地赞扬、鼓励，退步就要明确地指出、提醒。要指明孩子发展方向，纠正孩子的不良行为，而不是听之任之，麻木不仁。

一个人的成长，首先应该拥有充盈的母性之爱，获得对世界基本的安全感和信任。随后，在父性之爱的引导下，建立起规则意识，对自身的力量和能力充满信心。教师的专业性在于，我们要从具体的每个儿童身上发现他的成长，究竟是不是缺乏了某种元素，以及用什么样的方式予以补充。

三

一个没有生命力的人是没有创造爱的能力的。一个拥有爱心的老师能够清晰地认识自己,拥有较高的自我认同感和积极旺盛的生命力。他对工作的理解与他人不同,他认为工作是自身力量的最高表现,恰恰是通过工作,才体验到自身的力量、“富裕”与活力。工作不仅仅是一种牺牲、付出,而是展现、丰富了自己的生命力。工作中不仅有付出,也有收获,师生在相互唤醒的过程中充满快乐!

没有生命力的老师,会切断工作与自身真实的联系,切断与投身教学热情的联系,切断与心灵的联系,逐渐失去工作的动力和激情,把工作当作无尽的劳役。

归根到底,爱心并不是一种与人成熟度无关、只需投入身心的感情,如果不努力发展自己的全部人格,不努力提高专业能力,那么,教师是没有爱学生的能力的。

38. 向自身的平庸开战

上周，第三批参加五指山实习支教培训的老师观看了法国电影《放牛班的春天》，看到QQ群中几个老师在讨论，我插了几句话。一位老师发言："仁者见仁，智者见智。一百个读者就有一百个哈姆雷特。就是有许多不同的看法，才会有精彩的思想交汇。老师又何必逼我们去说出你心目中的标准答案呢？"

貌似有理，实则不然。当然，我的想法也不一定是标准答案。

正如对一个历史事件的看法，如果是在茶馆当中闲聊，的确"一百个读者就有一百个哈姆雷特"，海阔天空，各抒已见，然后拍拍肚子悠然而去即可。但如果是放在大学历史系的课堂上展开讨论呢？当然可以"仁者见仁，智者见智"，但答案（真理）肯定还是相对集中的，衡量的标准就是是否抵达了认识的核心，是否能解决当下的问题。否则，陈年旧事，研究何用？

在培训中引入电影，也是如此。否则，你说东我说西，只是停留在词语的表面，徒费时间而不能解决当下的困惑，这样的讨论有什么意义和必要呢？

一

《放牛班的春天》的确是一部每个老师都应该看的教育"经典"电影，但如果没有充分的教育学、心理学知识为背景，很多老师还仅仅是停留在"爱""信任"等这些已经在内心激荡不起任何涟漪的词语中，结果仅是欣赏，无法参悟。

有的人从马修为了使学生免受惩罚而撒谎中看到关爱，有的人从马修对不同的问题学生采取不同的办法看到因材施教，有的人从马修组织合唱团走进学生的心灵而看到音乐的作用……

是的，这些在电影中都有，而且不错，但问题是得出的这些结论能真正对当下困惑产生多大的作用呢？你不爱学生吗？你没有信任过学生吗？你不知道因材施教的作用吗？

其实，我们对学生的爱，很多时候仅仅是喜欢，是让学生感动，而且倾向于喜欢听话的、学习好的孩子。这种爱还往往在潜意识上还希望"等价交换"：我爱你，你就应该听话，应该好好学习。

尤其对缺乏精准的教育教学方法的老师，这种爱，往往就成了遮掩专业虚弱的“外套”，成了逃避问题的“港湾”。所以，当自己的爱如果换不来学生的“等价回报”时，就会抱怨孩子不领情，不识好歹，然后以不见学生，不给学生上课来表达自己的伤心。

而马修老师不是这样，马修老师是对每一个生命无偏见、无条件的尊重、爱护和信任，是对每一个生命真正的热爱。所以他能在学生抢走包后还要对校长撒谎来保护孩子们；在学生偷走了他的乐谱后，也还要出面在管教面前替孩子们撒谎；在贝比诺受到欺负后，毫不客气地“威胁”孟丹；在被莫翰奇浇了一头墨汁后，还要安慰莫翰奇的妈妈；在莫翰奇被关禁闭时，他对莫翰奇的母亲撒谎；即使是对毫无救药的孟丹，也一再宽容，当看到孟丹因偷手表而关禁闭后，说“他是我唯一的男中音”。

正如谈恋爱，你能说，我不爱他(她)，但你可以教我几招谈恋爱的技巧吗？技巧是需要灵魂的，没有发自内心的爱，任何技巧、办法最终都是无效的。

有了灵魂的东西，就可以照亮一切；没有灵魂的东西，一切优秀的技巧也会失效！有了这种发自内心的对生命的爱，那么即使你责骂他，惩罚他，也不是不可以。对打伤麦先生的盖贺克，马修并没有放过他，而是惩罚他去服侍麦先生。其实，惩罚也是包含在关爱当中的。有的老师问我，对实在头疼、屡次犯错的孩子能不能体罚呢？我说能，有两个前提：一是不能打坏孩子；二是你要让孩子从你的体罚当中真正感觉到你是爱他的。为什么许多学生对老师的批评耿耿于怀，过后和老师反目成仇呢？问题不在于批评本身，而是因为你没有让学生在批评中感受到关爱，而仅仅感受到了打击、侮辱、讨厌、惩罚。要不，热恋中的女孩一句“讨厌”何以能换来男孩更加的疼爱？

运用之妙，存乎一心。我们所缺的不是教育的技巧，而是真正的热爱！从这个角度来说，我们首要的问题不是教育学生，而是教育我们自己——

你，真正热爱每一个生命了吗？

二

须知，爱是一种能力，而我们很多时候仅仅是一种姿态。

在这一点上，很多家长更为明显，为什么许多家长对孩子付出很多后，对孩子的回报感到寒心？实质就是缺乏爱孩子的能力。家长给孩子除了提供必要的衣食住行的物质条件，更主要的是要和老师一样，让孩子身心健康成长。而很多家长主要停留在前者。

老师们都知道因材施教的作用，但真正在实际中运用的没有几人，为什么？

因为我们缺乏的是因材施教的能力，而不是这种态度。

电影中的马修对音乐非常精通，当一个个学生试唱出五音不全甚至低俗的歌词时，他能准确地给每个学生定出低音、中音、高音，能发现有“天使的面庞，魔鬼的心肠”之称的莫翰奇在音乐上非凡的天赋。即使对两个无法唱歌的孩子，为了不让他们产生脱离集体的孤独，伤及自尊，就任命贝比诺为助理，而另一个孩子安排为“乐谱架”。马修经过艰辛的付出，训练出了极高水平的合唱团。

马修本质上是音乐家，而不是平庸的、只能唱流行歌曲的音乐老师。对音乐，马修是发自内心的热爱，音乐不是他谋生的工具，不是赚钱的职业，而是他生命的一部分，所以，在校长命令解散合唱团后，他依然在晚上悄悄地训练。

理解了这点，也就能明白为什么许多学生不喜欢学习的原因。一个不爱自己学科的老师如何能让学生喜欢你教的知识？如果学科已经成为生命的一部分，如果灵魂为知识的伟大而战栗，如果自身成为伟大事物的核心，并能唤醒之，启发之，那么你不用担心学生不喜欢你的学科，也不用担心教室的纪律问题，这时你的课堂会如涓涓溪水，滋润心灵而沁人心脾；会如渺渺梵音，启迪智慧而醍醐灌顶。

这时的老师不是一个闲坐喝茶、喋喋不休的评论者，不是一个站在河岸上指手画脚的教练，不是一个站在“安全岛”上的局外人，而是和学生一起爬山的登山者，是和学生一起打坐的修炼者，是和学生一起跋涉的朝圣者，要让学生看到你在修炼、在热爱、在朝圣，并且不掩饰自己的不足。

所以，永远向我们自身的平庸开战，这是一切教育的首要条件。

三

在电影中，孩子们在马修老师的带领下，渐渐喜欢上了唱歌，莫翰奇天使般的面孔出现了天使般的笑容。孩子们的眼神也由过去的冷酷、怀疑、仇恨而变为坚定、清纯、专注。一向古板的数学老师也哼起了歌曲，连冷酷的校长也在办公室扔起了纸飞机，监狱般的学校开始充满了欢乐的笑声，学生的问题也比过去少了……

合唱团何以有如此大的神奇功能？因为音乐能抵达人的心灵，但如果仅仅停留在音乐的教化作用上，还是片面的。如果没有发现核心的因素，就胶柱鼓瑟了。

核心的问题是：孩子们通过合唱团围聚在音乐这一伟大事物周围，进而找到了做人的尊严和自信。音乐起到了一个很好的凝聚和吸引作用，当音乐响起来，孩子们的世界就安静了，孩子们心灵中沐浴的是光明、圣洁、美好。为什么我们也有班歌，也唱歌，而达不到这种境界呢？一是因为我们的音乐无法抵达学生的心灵深处;二是我们其实是把音乐作为驯化的手段,丧失了音乐本身的魅力。

作为不是音乐老师的我们,就应该让学生围聚到语文、数学等学科这一伟大事物周围,共同经历探索中迷惘、求索、顿悟的过程,共同感受知识的伟大魅力,让学生在探索的过程中找到尊严,找回自信。如果如此,我们到达的高度要比马修大得多,因为学生真正的尊严毕竟来自于学科教学。

是的,以伟大事物为中心,汇聚一群人,去共同发掘其魅力。在这个神奇的场域,教师、孩子、伟大事物,交织出一种生命的庄严与灿烂,书写我们自己的传奇,呈现生命的尊严。

这个过程,是老师和学生共同经历、共同探索的过程。所以,没有老师的成长就没有学生的成长,没有老师的热爱就没有学生的热爱。通过自我领悟而让学生领悟,通过自我达成而让学生达成,通过震撼自己而震撼学生。这就是古人所说的——

己立立人,己达达人。

四

再过两周就是期中考试了,这是我们第二批支教老师第一次真正的亮相。只能成功,不能失败;只能卓越,不能平庸。这是我们的使命决定的。我们肩负着忻州师院的使命,肩负着班级中孩子成长的责任。忻州师院在五指山的形象还没有树立起来,还得靠每一个老师的成绩来铸就。实验可以失败,但孩子的成长过程没有再次。

其实不论是期中考试还是平时的每一项评比、竞赛,我们都要朝第一的目标努力。关于成绩和其他工作的关系,我曾举例说,考试成绩是1,读书、体操、教室文化等是跟在后面的0。没有1作基础,0再多也是0。但如果没有那么多的0,仅仅一个1也彰显不出意义,更主要的是到头来1也会消失。所以,没有成绩是不行的,仅有成绩也是不够的。既要脚踏实地,也要胸怀理想;既要考虑长远利益,也要顾及眼前利益,既要实实在在地读书,也要扎扎实实地应试。这就是工作中的辩证法。

本周我听了番阳学校小组林翠、王小金、常亚婷的课,毛阳学校小组的陈华美、高芳彬也进行了公开课教学,比起第一轮课,大家都有很大的提高。

良好的开端是成功的一半,这次期中考试就是我们的开端。未来两周内,每个实习老师都要紧紧围绕课本,扎扎实实开展复习,反复巩固,多次练习。班主任要充分调动学生的积极性,营造浓厚的备考氛围。发展才是硬道理,在目前的实际中，成绩就是硬道理。在这一点上，我们赔不起。

五

今天的微博上，参加博鳌论坛的李开复写了一句话：

在博鳌，和香港科技大学、杜克大学校长讨论大学四年什么最重要：(1)学会灵活使用知识，把知识应用在新问题上；(2)经过实践分析、理解、解决问题；(3)理解每个问题有不同观点，可以有多个解决方法；(4)成为一个“Future-ready”的人，学会学习的方法；(5)博雅教育：对人类重要的问题、知识都要懂一些。

五句话的核心突出了青年教师的运用知识的实践能力。一个人的能力如何，主要体现在实践中，实习支教既是应用知识也是学习知识，不论哪一点，都需要有积极的态度、正确的认识。

偏见比无知更可怕。客观地说，我们现在最大的问题不是来源于学生，而是来源于自身，没有自身的发展和提高，怎么能有学生的发展和提高。

所以，今天的题目是：向自身的平庸开战！

愿我们共勉！

39. 野百合也应有春天

一

一位老师的微博引起我的注意。

“和大多数老师们反映的一样，孩子们的基础太差。今天学了《秋天》，还有许多孩子不会读，我都替他们急了。数学也是一样，每天晚上去教室辅导，很多学生都问数学题，虽然都是一步一步引导，但是常常是一问三不知。这确实是个问题，得从基础抓起了。”

我回复：“不会读，就示范读，或者老师领读；学生不会做题，老师就俯下身子，一句一句讲。老师和学生要共同穿越每一个知识，我们不是要把每一名学生都培养成尖子生，而是让其在原来的基础上提高。用欣赏、发现的眼光看待每一个孩子，生活就是阳光的，孩子也是可爱的。”

二

穿过微博语言的表面，我能够感受到实习老师的惊诧、焦急、无奈，许多刚登台的实习老师皆有同感。但仅有这种情绪不仅不解决问题，而且如果不警惕和省察，会导向错误的方向。

为什么会出现如此差的情况呢？从我一年多来了解的情况看：一是五指山当地农村百姓对教育不重视，对孩子的学习不督促、不检查，孩子回到家中，基本没有任何书看，没有学习的氛围和条件，很多孩子还是单亲家庭和留守儿童；二是有的老师仅仅是停留于讲完课，没有严格的检查和细致、耐心的辅导，忽视知识的落实；三是孩子们缺乏足够的阅读积累，缺乏丰厚的智力背景，老师和学生没有对话的“密码”。经年累月，既没有良好的学习习惯，也没有学习的兴趣，导致这些在教室外活泼可爱，能爬树、会捕鱼的孩子一进教室就呆若木鸡，除了会说“不懂”，就是摇头。

三点原因，概括为两个方面：家庭教育和学校教育。而后者是主要原因，不客气地说，孩子今天的现状主要是老师教成这样的。孩子已经是薄弱教育的牺牲品，如果我们没有一颗同情、恻隐之心，没有一种省察、反思的态度，那么孩子们又会成为我们的试验品。

三

什么是教育？卢梭说，教育就是生长，除此之外，别无其他。从教育的本真意义来说，就是让受教育者在原来的基础上得到提高、完善、教化，使其天性、潜力、特长充分展示，成长为一个“精神丰富的人，一个有自尊感的人，一个用大写的‘我’宣告存在的人”(苏霍姆林斯基语)。

所以，教育不是外在定一个统一的模子，让不同的人削足适履般地硬套。孩子是一个活生生的人，不是家长或老师的炫耀品，也不是实现其他目的的工具。

正如刘翔跑得快成为跨栏飞人，姚明长得高成为篮球巨星，每个孩子的天性潜质、家庭背景都是不一样的。每个孩子的智力发育、成长过程也是各不相同的，既有“小荷才露尖尖角，早有蜻蜓立上头”，少年时期就崭露头角的，也有锲而不舍、大器晚成的。有的偏重形象思维，有的擅长抽象思维，有的天资聪慧，有的心灵手巧……但都是可塑之才，教育的作用在于让每一个孩子在原来的基础上得到提高，让其潜在的天赋得以充分发展。从多元智能角度来看，智力只是七种能力当中的一种，如果仅因为当下的学习差(这种“差”或许还是老师、家长等多方面原因造成的)，就断定其“朽木不可雕”，打击其自尊、自信，这样就不是诲人不倦，而是“毁人不倦”了。

要把我们教的每个孩子都培养成上大学的苗子，这是不现实的。但让每个孩子都在原来基础上提高，让学习好的老师因我而更优秀，让学习弱的孩子因我而喜欢上学习并有所提高，这是比较现实的。成绩差这是客观的，这也正是我们能来五指山的原因。三亚、海口城市小学学生基础好，但会给我们这样顶岗实习的平台吗？如果孩子们学习已经都很好，还用我们支什么教呢？所以，惊诧之后，需要冷静下来，琢磨提高孩子们的什么，以及如何提高。

四

昨天，我在毛阳学校听课，看到五年级的几个学生，7 乘以 8 的得数是 59。是的，这就是现状。如果我是数学老师，除了惊诧，会考虑布置不同的作业，其他学生布置的是本节课的习题，但对这几个学生，就让其背《乘法口诀表》，而且背下来，就要表扬。

我能理解大家“恨铁不成钢”的心情，能理解考试的压力，但要让其成“钢”，让成绩提起来，仅靠一味的、高高在上的埋怨是不行的，只会适得其反。

基础差的孩子对知识不熟悉，内心充满的是困惑和害怕老师批评的畏惧，他需要老师在具体学习中的“搀扶”、指点和鼓励。比成绩更重要的是信心。学习不是机械地把知识从教师的头脑里灌输到学生的头脑里，重要的是让学生在学习的过程中，建立起荣誉感和自尊心，并在此基础上形成做一个好人的愿望。教师的任务是什么？苏霍姆林斯基说，教师的任务就在于，要敏锐而巧妙地、坚持不懈而严格要求地培养儿童的智力和道德力量，使我们的每一个学生在某个领域中获得幸福和欢乐。

很多时候，面对学生的一错再错、启而不发、顽劣不化，老师焦急、抱怨。如果有考试的压力，老师更是视这些学生为“眼中钉”“绊脚石”“拖后腿”。学生从话语中听到的是讽刺，从眼神中看到的是忽视，在学习上感受不到存在的价值，就开始睡觉、逃课、打架……长期下去，恶性循环，孩子彻底丧失学习的兴趣和信心，老师内心不断强化“差生”的印象，一块“朽木”就成功培养成了。“废铁”就是这样炼成的。

五

给予信任和信心，给予鼓励和表扬，也许见效是慢的，但教育本身就是一门慢的艺术。电影《放牛班的春天》里马修老师在组建合唱团时，根据每一名学生的发音，安排其唱高音、中音还是低音。幼小的贝比诺说，“我什么歌都不会唱”。马修老师并没有认为其“基础差”或者“不可救药”，而是认真地着说，“没关系，我会教你”。因人设岗，专门给他安排了一个职务——“合唱团团长助理”，对“总是找不着调”的郭和颁就任命其为“乐谱架”。看似随意，用心良苦啊！重要的不是其真能做什么，而是保护了两个孩子的尊严，没有让这两个音乐细胞贫瘠的孩子感到自己是个无用之人，是合唱团中多余的人。凭着精心的呵护和深厚的专业素养，马修老师将一群没有任何音乐基础的孩子打造成了一个优秀的、专业的合唱团。真是一切皆有可能。

在马修的身上，“爱心”二字不是挂在嘴上，而是彰显在点滴行动和言语中；“因材施教”不是体现为一种态度，而是一种能力。我们为什么做不到？不是不想做，而是缺乏因材施教的能力。所以，我反复强调我们自身的学习和提高，己立立人，己达达人。

六

我们的课堂还非常粗糙，我们的经验还微不足道，我们对知识的把握还亟待提高。昨天，我在毛阳学校中心校听了三节课，更加深刻地感受到：学生课后不会做题和我们课堂教学的不成熟有非常大的关系。我们的课堂教学,除非是天才才可以接受,天才是不需要老师教的。我们现在还远不是可以板起面孔教训、埋怨学生的时候。想想我们面对课堂教学的困惑,面对听课者的惶恐,解读一篇文本的无奈,以同理心来体察学生的内心吧。特级教师魏勇说,“教育不是一个人对另一个人的工作,不是一个灵魂对另一个的改造,教育是一个灵魂对另一个灵魂的抚摸和感知,是以自己的敏锐体察他人的疼痛”。

蹲下来,不仅是身体,而是内心。

不要认为孩子在课堂上“不配合”,应该是我们服务于他们;不要认为学习差的孩子在考试时会“拖后腿”,教师自身的价值和尊严就在这些学生身上彰显;不要希望“一招鲜”的办法立竿见影、药到病除,要相信种子,相信岁月。

如果在课堂上没有理解,过去的知识还有许多“夹生饭”,他们如何能按时交上作业,除了抄袭还有什么办法?再逼得紧了,什么情况都可能发生。就在四天前的上午,江西省九江市的三名小学生相约跳楼,说“跳楼死了就不用交作业了”,字字泣血啊。朱永新老师说,“如果教育不能让孩子快乐,如果教育带来的是恐惧,是仇恨,这样的教育不要也罢”。前几天,我们共读了朱老师写的《我心中的理想教师》,他说,“我们的不少教师,没有爱心,不是担任教书育人的角色,而是担任‘教育警察’的任务;不是肯定成绩,而是发现缺点。当孩子们非常正常、非常优秀的时候,教师不去肯定他们、激励他们,而是将他的问题‘放大化’。因此,我觉得我们很多教师扮演的就是一个‘刽子手’的角色。”

七

网友西门小醉老师在我前面发的微博上跟帖说,“低下身子,认识他们。然后站起来,指向他们可以到达的远方。记得要牵着手,慢慢地走,直到靠近,直到他们可以奔跑。”

说得真好!“认识他们”就是了解其困难所在,体察其遭遇困境的无助、恐惧和孤独。“指向他们可以到达的地方”就是给予其信心和方向,让孩子相信通过自己的努力也是可以取得自己的“真经”。“牵着手”就是要从一句话、一个词开始讲解,不会读,跟我读,不会写,跟我写。要“慢慢地走”,别人三道题,他就布置一道题,别人背一篇文章,他就背一段话。

不要怕一错再错,不要怕毫无起色,魏勇老师说:“有一种教育名叫等待。在学习方面,我们不但应该允许学生犯错误,还应该允许他犯了错误再犯,应该允许他有一段时间不改。对那些功课被落下很多,对听不懂课的学生来说,完成一次作业是多么庞大的工程!在他们没有能力独立完成作业时,除了在学习上帮助鼓励他们,剩下的就只有等待,等待他们从一礼拜写一次变成写两次、三次……”

八

我知道写下前面微博的老师是做得很好的，这封信只是因之而引发的感想和思考，因为所有的实习老师遇到的困境是一样的。

写到这里，想到自己上二年级的女儿，作为家长，我希望她遇到的老师能充满爱心和耐心，对其作业的错误不是简单的抱怨，而是耐心的辅导；对其一错再错，不是粗暴呵斥，而是积极鼓励；对其细微的进步都能及时发现、赞扬；对其不良的习惯，不是视而不见而是严格批评、指正。我希望她生活在阳光、温暖和充满安全感的学校之中，老师可以批评她，但不要让她感受到忽视她、厌恶她，我不在乎她成绩暂时考多少，而在乎她是否有学习的信心和兴趣。当然，我这样写不是说我女儿的老师不负责任、不专业。我知道，她的几位老师都非常优秀。

罗大佑的歌中唱道：

就算你留恋开放在水中
娇艳的水仙
别忘了寂寞的
山谷的角落里
野百合也有春天

是的，野百合也有春天，丑小鸭也会变成白天鹅，只要我们有信心，有爱……

40. 抵御心灵的麻木

一

飞机在三亚的碧海上空掉头，如一只大鸟一样缓缓滑落，“天涯海角”的巨石、海边的椰子树、沙滩上的黄色快艇渐渐清晰。机舱中的我，内心如脚下的海面一样，“清风徐来，水波不兴”。在微博上我写道：第一次抵琼，处处新鲜、惊诧；第二次抵琼，熟悉中有陌生感；此次抵达，心态已波澜不惊，平和宁静。

我知道，未来的一年，与其说与各种困难挑战，不如说是与容易倦怠、容易因干瘪而麻木的灵魂抗争。

这，不仅来自他人，也来自自己。

二

当曾经新鲜、好奇的一切慢慢变得习以为常，当自己被生活的琐事之网而重重缠绕，当困惑、挫折、失望、无力阵阵袭来，心灵的防守阵地往往会步步退却，心灵之水的源头会渐渐干涸。

心理学家马丁·赛里格曼曾经用狗做了一项经典实验。起初把狗关在笼子里，只要蜂鸣器一响，就施以电击，狗关在笼子里逃避不了电击。多次实验后，在电击前，先把笼门打开，蜂鸣器一响，此时狗不但不逃，而是不等电击出现，就先倒地，开始呻吟和颤抖，本来可以主动地逃避，却绝望地等待痛苦的来临。

在心理学上，这叫“习得性无助”。当内心的疲倦代替了进取，心灵的绝望覆盖了希望，眼睛被昨天的灰尘遮掩而看不到明早升起的太阳，这时灵魂之花开始慢慢枯萎，进而生出老茧。退却的理由接踵而至，这时就会为满足虚构的光环，为畅途设置障碍。把逃避当作成熟，把无力看为超脱，而得过且过也就成为了生活的最佳态度。诸多的人，就开始在八小时之外寻找生活的意义、活着的理由。

三

在老师们的微博中，能看到思索的痕迹、思维的路径，原来认为把握知识很难，现在发现连课堂上的纪律都是一个很头疼的问题：基本的加减乘除算不准；做应用题，连题也读不懂；简单的字词不会写，还不时地打架、逃课、迟到……

这些或新或旧，或在意料之中，或在意料之外的情况一次次刺激着我们的神经，让我们逐渐对学生有了清晰的了解，对现实有了进一步的考量。

是的，这种发现、思考是必要的。

然而，如果仅仅拿着放大镜瞄准学生，而不去关照自己的思维，调整自己的方法，那么可能"有色眼镜"会阻碍我们认清事实的真相，看到的有可能是海市蜃楼般的幻觉。

有怎样的心灵就有怎样的目光，有怎样的思维就有怎样的角度。改变自己才能改变学生，提升自己方可成就别人。只有不断根据"靶心"的移动调整"靶位"，才有可能击中目标。所以，我更关注微博中体现的对自己行为的反思，而不仅仅是对学生的评价；关注的是教育教学方法的及时调整，而不是一声声无力的感慨；关注的是学生和我们的共同提高，而不是简单粗暴的体罚换来的片刻宁静。

如果把教育工作仅仅理解为管住学生，制服学生，不是让学生收获，而是让学生听话，不是让学生敬佩自己，而是其害怕自己，那么，即使有收获，这种收获也是虚假的、肤浅的、暂时的满足感而已。学校工作的真正魅力还在于用教师的辛勤劳动和智慧去浇灌、启迪、引领一个个活泼的生命，在于再现一个个伟大知识的魅力，在于带领学生在知识的海洋中克服一个个艰难险阻，绕过一个个暗礁暴风，体验到知识的伟大，发现生命的真谛，拥有生命成长的"高峰体验"。

所以，我们的注意力不仅要聚焦于学生，还要聚焦于课本，聚焦于知识，聚焦于自己带领学生穿越知识的过程。这样才能免于灵魂的麻痹，免于心灵的倦怠。

四

生命若缺水会枯竭，心灵因无爱而麻木。

昨天，再一次读《小王子》后，发了一则微博：

"如果一个人爱上了亿万颗星星中的一朵花，他望望星空就觉得幸福。但是，如果羊把它吃了，对他来说，所有的星星都像忽地熄灭了……"

读此，眼眶噙满泪水。人的感情建立在"驯养"的基础上。你深爱一个人，不是因为她（他）独一无二，而是因为你的爱才让她（他）变得独一无二。

一学期的实习支教结束时，有的老师和学生皆依依不舍，洒泪相别，甚至一年过后，孩子们和符启娴在电话两端热泪盈眶；而有的则平平淡淡，有如路人。原因何在？在《小王子》中，狐狸说，人的感情建立在"驯养"的基础上，"驯养"就是一条纽带、一份付出、一份责任、一份默契。在"驯养"之前，你我皆为芸芸众生里的路人，没有互相需要。但"驯养"之后，就会彼此需要，彼此牵挂，对各自来说成为世界上独一无二的“唯一”。如果没有“驯养”，故乡就是几间房子，故人就是路人，就不会有敝帚自珍的爱惜，不会有“近乡情更怯”的情怀，更不会有“只教人生死相许”的亲情、爱情。

你寻得所爱，并为之守望了吗？很多时候，面对这样的质问，我们的回答支支吾吾，说不明白。许多人貌似有所爱，但这份“所爱”其实不是“我”的，而是周围人的，所以他天天做自己不愿意做的事情，然后用钱买回一堆其实并不十分需要的东西来安慰自己。当认为该得到的已经有了时，却发现幸福不知何时丢失了。而更多的人还奔波在路上，不知为何辛苦为何忙。有的人寻得“所爱”，可惜受制于客观的现实、旁人的评价，没有勇气去守护。说得清楚一些，是没有能力。是的，爱不仅仅是一种态度、情绪，更主要的是一种能力。因为缺乏“纵身一跃”的勇气，所以妨碍了能力；因为没有能力，所以更削弱了勇气。而生活中，只有那寻得“所爱”并为之守护的人，方可活得纯粹、自然、自在，活得酣畅淋漓、荡气回肠，活出了生命的尊严和价值。他们也许不会是成功者，但一定是人生路上的英雄豪杰。

短短的几月实习支教，我们的“所爱”应该是什么呢？是一本薄薄的证书，还是学生及家长的赞誉？是学生的发展，还是自身的成长？需三思。

五

世界因嘈杂而喧闹，心灵因阅读而宁静。心灵的麻木不是因眼睛蒙蔽，耳朵堵塞，而是因缺乏清水的滋润。“问渠那得清如许，为有源头活水来”，书籍就是滋养生命的活水。一种环境待久了、一种声音听多了、一种现象看多了，自身总容易被环境同化，对生活、工作问题的审视也会固定于同一角度、同一层面，导致疲惫、厌倦，甚至是无名的烦恼，从而忽视了生存的丰富性，生活的多样性。

读不同的书就是与不同的人交流，读其思想，辨其思维，感其性情。朱寅年老师对阅读的作用讲得非常好：“阅读，是一种交流，是一种关注，是一种传播，是一种滋养，是一种欣赏，是一种成长，是一种愉悦幸福；同时，也是一种耐心，是一种苦求，是一种思考，是一种选择，是一种评判，是一种挑剔，是一种辗转折磨。阅读，是无聊孤独时的大餐，是忙碌喧嚣时的调剂，你会发现阅读对手上正在做的其他事往往冥冥中有助益。”

校园中、教室里各种教育现象复杂而微妙，每个生命都是那样各不相同。如果想一劳永逸地解决所有困难，想寻找“一招鲜”的诀窍“一剑封喉”，这种思维的出发点本身就是片面的。单是“驯养”就需要爱、辛苦和时间的付出，何况在寻求教育真理的过程中，有很漫长的路需要探索。如何探求？唯有读书。

说句武断的话，没有喜爱阅读的老师，我看不到能培养出爱阅读学生的可能性；没有学生阅读能力的提高和阅读量的扩大，我看不到农村小学生发展的可能性在哪里。

六

常常想到《阿甘正传》中，不知疲倦地奔跑的阿甘，从日升到月上，从春来到冬去，日复一日。他为什么而跑？不为什么，跑就是目的，跑就是意义，还需要其他的意义吗？我想，如果把麻木的心灵比作一座封闭的监狱，那么我们每个人的一生都是一次漫长的大越狱，其中包含无数小越狱。

做事，就是越狱的最好途径之一。

在一定阶段，我们都是循着一定的目的和理由去披星戴月地努力做事，但是慢慢地，你会发现不做的理由比做的理由更充分，更有说服力。其实，此时，在没有察觉中，心灵的监狱之墙已在慢慢增高并加固了。

做事，需要理由吗？在我看来，唯一的理由就是：因为活着。我能理解茶馆里的人从早晨到晚上的闲聊、喝茶、打牌，但自己的心灵真的不能容忍给身体这样的放假。

有一种行动的目的是，我要得到某种东西；还有一种行动的理由是，我要让别人得到某种东西。用李镇西老师的话说，让人们因我的存在而感到幸福！如果一定要为积极做事寻找意义，那意义也在做的过程中。

积极做事，不是不讲究方法、不讲究效率、不辨明方向。而是一种积极、阳光的生活态度；是一种不以功利为目的、纯粹的“游戏精神”；是一种悲天悯人、脚踏实地、身体力行的责任感；是一种日出而作、日落而息的简单生活。

七

每天早晨推门而望，雾霭如洁白的哈达飘绕在青葱的山林，昌化江的河水清澈如翡翠。采一撷山之青，捧一掬水之碧，嗅一缕书之香，滋润心灵，如农人一样劳作，如渔人一样坐在时间的溪水边垂钓天上的星星吧！

后 记

从2010年开始至今,我累计带领忻州师范学院2000余名大学生在海南省五指山市和山西省原平市的农村中小学扶贫顶岗实习支教,并持续在新教育网络师范学院深入学习。为了做好工作,我给初登讲台的实习支教大学生与带队指导老师写了四十多封信,同时也陆续写了一些教育随笔,间接记录了这几年在新教育学习道路上的所思、所学、所行。这些文字加起来共有20多万字。

实习支教大学生分布在农村山区学校,日常很难聚集在一起,我就以信件的方式把有关事项通过邮件定期发送给大家,起到一个总结、提醒、交流、督促、思考的作用(这次整理为书,为了阅读方便,就去掉了信件共性的格式部分)。写这些文字时,不是为了出版,而是为了工作,所以现实针对性比较强,记录事务略多一些,而逻辑性、系统性则不够。特别是今天回头来看,对一些问题的思考比较稚嫩,分析理解还不够深刻。如果今天再来写,要相对更成熟。因为我是以老师的身份写给大学生,所以,表扬很真诚,批评也不客气,好在学生理解老师的一番良苦用心。

这些文章陆续发在我的QQ空间中,其中一部分刊载在《忻州日报·教育周刊》和《教师博览》杂志后,得到了许多朋友、师长、亲人、学生的鼓励。许多朋友说,你把这些文章结集出版吧。后来,新教育网络师范学院的朋友李亚敏、郭明晓(网名"大西洋来的飓风")大姐等陆续出书了,电影课程也快要出书,我很受鼓舞。去年冬天,贾卫平兄(网名"谟祯")与我联系,建议围绕几个主题,选编一些文章。我编辑好后,把书稿提交给朱永新老师,征求其意见。朱永新老师看了初稿后,给予了肯定,同意列在"新教育文库"中出版,并提出了非常专业的建议:"加一个叙事性文字放在书前,了解你写这些信的原因与经过。另外,每个部分加一个导语,说明这个部分的基本内容,读起来更方便一些,再写一个后记。"朱老师的肯定、提携给予我极大的鼓舞和力量。

感谢朱永新老师,您发起的新教育点燃、滋养了我的生命,您对我的肯定与鼓励极大地激发了我勇往直前的信心。没有您的支持,就不会有这本书的出版。

感谢新教育网络师范学院中的诸位兄长,他们是我生命中的"重要他人"。他们既是良师，也是益友；既是专业发展的引领者，也是人生导师。每一步前进的脚印，都有他们深深浅浅的印记。

感谢忻州师范学院时任党委书记王秋生，没有他的提携与关照，就不可能有实习支教这段宝贵的人生经历。

感谢童喜喜，感谢黄烨祁、刘书慧两位编辑，他们为这本书前前后后做了大量细致、烦琐的幕后工作。

也要感谢每一个帮助、支持、鼓励我的师长、朋友、战友、学生，正是他们的鼓励，让我在追梦的路上不断努力。

最后，要感谢我的妻子，我在海南两年时光，是她支撑起了家，照顾孩子老人，免除我的后顾之忧。没有她多年来无怨无悔的支持与鼓励，我不可能安心工作、阅读、写作。同时，对孩子，也表示歉意，在你成长的重要时刻，我并没有陪伴你，即使在一起投入的时间和精力也不多。这本书，就算是爸爸给你的礼物，虽然你将来并不一定当教师。

我的父亲是一位小学老师，母亲是一位善良的家庭主妇。而今想来，成长路上每一步都有他们用心良苦的教导与陪伴，我曾对他们表示有可能出版一本书，父亲非常高兴，并曾经问起。这本书，也算对父母的微薄报答。

当这本书出版时，我 6 年的实习支教工作也应该告一段落了。这本书，就当为这段激情燃烧的岁月画一个句号吧。

亲爱的读者，感谢您阅读这本书，希望我的这些思考能给您带来启发与帮助，也真诚希望您提出宝贵的建议和批评，让我们在成长的路上共勉同行！

郝晓东于晋北忻州

(鄂)新登字 02 号

图书在版编目(CIP)数据

给青年教师的四十封信/郝晓东著.
—武汉:湖北教育出版社,2016.9
ISBN 978-7-5564-1100-9

Ⅰ.给…
Ⅱ.郝…
Ⅲ.教师-工作
Ⅳ.G451

中国版本图书馆 CIP 数据核字(2016)第 170830 号

给青年教师的四十封信 GEI QING NIAN JIAO SHI DE SI SHI FENG XIN

出版人 方 平
责任编辑 刘书慧 责任校对 刘慧芳
封面设计 牛 红 何亦明 责任督印 张遇春

出版发行 长江出版传媒 430070 武汉市雄楚大道 268 号
湖北教育出版社 430070 武汉市雄楚大道 268 号
经 销 新 华 书 店
网 址 http://www.hbedup.com
印 刷 湖北新华印务有限公司
地 址 武汉市硚口区长风路 31 号
开 本 710mm×1000mm 1/16
印 张 13
字 数 234 千字
版 次 2016 年 9 月第 1 版
印 次 2016 年 9 月第 1 次印刷
书 号 ISBN 978-7-5564-1100-9
定 价 28.00 元